W0247145

Singer · Zeiten des Lebens

INHALT

*Für François und Anny, meinen Vater
und meine Mutter.*

ZUM GELEIT

Wir alle sind fahrendes Volk. Und unsere Reise ist das Leben. Wir duchreisen ein Land nach dem anderen, jedes hält seine unvergleichlich eigenen Sehweisen und Abenteuer bereit und jedesmal nehmen wir die Wesen, die Zeit und den Raum auf andere Art wahr. All diese Länder haben ihre eigenen Städte und Lande, Berge und Meere – und die steilen Höhen, die sie voneinander trennen, machen sie zu autonomen Territorien, deren schrittweise Erkundung das Leben des Menschen ausmacht. Dieses Durchreisen, diese Erfahrung unternehmen wir nicht allein, sondern wohl oder übel mit der Karawane der Generation, mit der wir aufgebrochen sind und deren Reihen sich bis zum Ende mehr und mehr lichten werden. Bald voll Feuer, trägt sie uns mit ihrem Elan; bald störrisch und unsicher, befrachtet sie uns mit ihren Ängsten.

Unterwegs kreuzen wir die Wege anderer Karawanen, die von anderen Altern her kommen – und diese Rasten oder Wegstrecken sind immer wieder bewegende Momente. Wir verweilen beim Bericht dieser Reisenden, die uns die Orte vergegenwärtigen, die auch wir einst kannten – oder die uns von Gegenden künden, von denen wir noch nichts kennen außer der Furcht oder Faszination, die die Worte in uns erwecken.

Bestimmte Episoden der Fahrt erzeugen eine vorübergehende Illusion der Seßhaftigkeit. Für ein bestimmtes Land, das wir voller Ungeduld verlassen, gibt es andere, in denen wir gerne länger geblieben wären – und in denen uns der Befehl der Vertreibung, sobald er uns trifft, in Ver-

7

zweiflung stürzt. Das Tragische ist auch ein Teil der Weg-zehrung. Und jeder, der versucht, ihm auszuweichen, lockt es erst recht auf seine Fährte.

Eine Entdeckung wartet auf den, der mit offenem Herzen und offenen Augen – ohne Hast und ohne Bedauern – seiner Wege zieht. Hat man ihm unterwegs auch alles geraubt, was er eine Zeitlang besaß, so wird er sich schon bald zu seiner großen Überraschung reich beschenkt sehen mit Gütern, von deren Existenz – geschweige Wert – er bis dahin nicht einmal etwas ahnte. Auf dem Weg seines Lebens sieht er mehr und mehr, daß ihm nichts genommen wird, ohne daß er dafür etwas Gleichwertiges findet.

So wird ihm klar, daß nur eines Bestand hat: der Wandel. Wer sich dem Wandel verweigert, bleibt ein Fremder in dem Land, das er gerade durchreist, ein Fremder in dem, wohin es ihn zieht, und früher oder später wird er zur Salzsäule erstarren wie Lots Weib.

✳

Zwei Begegnungen haben mich kürzlich tief beeindruckt.

Während eines Kongresses nahm ich an der Darbietung einer bejahrten Hindu-Frau teil, die uns einige Mudras vorführte, jene gemessenen Bewegungen mit ihren seit Jahrtausenden festgefügten Figuren, die nur mit den Händen gezeichnet werden. Das Drehen und Winden der Finger und ihr gegenseitiger Druck auf die Fingerspitzen und -wurzeln hat, so erläutert sie uns, eine wohltuende Wirkung auf bestimmte Organe oder auf die Fähigkeit zur Konzentration. Meine Augen trinken ihr Tun. Ihre beseelte Grazie, ihre durchscheinende, von Adern durchwobene Haut, das Geflecht ihres weißes Haars, das sich allmählich in ihrem Nacken löst, sich dann vollends über ihren Rücken ergießt, ohne daß sie es beachtet, die gelöste Heiterkeit ihres Blicks... ich folge ihr sprachlos. Später, als ich ihr im Treppenhaus begegne, will ich sie in meiner Begeisterung sofort ansprechen, doch alles, was ich über die Lippen bringe, ist:

»You are the most beautiful woman I ever saw!«

Kaum ein Anflug von Erstaunen streift sie, und schon bricht sie in schallendes Lachen aus und packt mich am Arm. Das Beben ihres wilden Lachens greift bald auch auf mich über und wir stehen da, versperren den Durchgang, und unsere Ausgelassenheit will kein Ende nehmen.

Einige Zeit später finde ich mich zufällig auf einem Fest einer alten Frau gegenüber, deren wasserklare Augen mich nicht loslassen. Inmitten der schier mineralischen Landschaft dieses wunderbar viel-faltigen Gesichts kommen sie mir vor wie verborgene Quellen. Ich verweile bei ihr, und während ich ihr zuhöre, wie sie von ihren Anfängen als Sängerin in Budapest, von ihren Erfolgen und dann – als der »Anschluß« kam – von ihrem Exil redet, lese ich gleichzeitig alles, was sie mir sagt, in den vielgestaltigen und feinen Mäandern und Falten ihrer Haut. Sie überrascht meinen Blick – das heißt die Gedanken, die sie darin zu lesen glaubt –, unterbricht sich und sagt: »Wissen Sie, auch ich bin einmal schön gewesen.« Ganz überrascht entgegne ich: »Aber Sie *sind* doch schön!« Da verbirgt sie plötzlich ihr Gesicht in den Händen – und weint.

Ich fühlte, daß ich zwischen diesen beiden Welten, jenem Lachen und diesen Tränen, eine Brücke spannen wollte.

＊

Überall in der unendlichen Verschiedenheit der menschlichen Kulturen, in die unsere technisierte Epoche mit ihren unheilvollen chirurgischen Schnitten eingreift, ist die gleiche liebevolle Sorgfalt zu beobachten, das menschliche Leben von der Geburt bis zum Tod mit einem maschenreichen Gewebe von Bildern und Mythen zu durchflechten.

Lediglich unsere auf Raub, Gewalt, Herrschaft und Unterdrückung gegründete Zivilisation mißachtet und leugnet die verschiedenen Arten, auf der Welt zu sein, zum Vorteil eines einzigen hypertrophen und krank machenden Kultes – nämlich der Vergötzung der »Jugend«.

Unter Verletzung der elementarsten Gesetze des Lebens, das Fluß und Vielfalt ist, züchtet sie im Herzen unseres Daseins jenen Knoten der Fixierung, jenes Karzinom, das es zerfrißt.

Unter »Jugend«, einem schamlos vereinnahmten Begriff, versteht sie einen künstlichen Ort und Gemeinplatz von Selbstbefriedigung und permanenter Erregung von Wünschen, Gelüsten und Bedürfnissen.

Und auf dieser grell erleuchteten Bühne tummeln und zertrampeln sich die ihrer jugendlichen Entwicklungszeit beraubten Kinder und blindgemachten Erwachsenen.

Die einzigen Komplimente, die man einem alten Menschen macht, sind Bemerkungen wie »er sieht noch jung aus« – oder noch schlimmer, »er hat noch einen jungen Geist«.

Zwei widerwärtige Lobesfloskeln, auf die die klügste Reaktion die wäre, daß man ihnen den Rücken zukehrt und geht.

Als ob eine so lange Lebensfahrt in einem an Lebensringen reichen Menschen keinerlei Wandlung bewirkt hätte! Welcher Pilger ließe eine solche Beleidigung auf sich sitzen?

»Vor dem Alter erhebe dich«, lehrt der Prediger Salomo im Buch Kohelet. Wer wollte sich aber vor einem Alter erheben, das sich seiner selbst schämt?

✳

Die Vielfalt, mit anderen Worten: das Grundprinzip alles Lebenden ist bedroht. Allmählich wie das Öl, das aus den lecken Bunkern der Tanker rinnt, breitet die Uniformität ihre schwarze Pest über die Welt. Überall betreiben Reduktion, Nivellierung und aufgezwungene Vermischung, jener infame »melting-pot« – mit einem Wort, die Entropie – ihr Todeswerk. Wie bereits Tausende von Arten – Insekten, Säugetiere, Pflanzen – verschwunden sind, so verschwinden allmählich auch die unzähligen Arten des Menschen, auf der Welt zu sein. Die Kulturen und ethnischen Gemeinschaften, die den Zentralismus, die Kolonialisierung und den ökonomischen Unitarismus überlebt haben, sind von nun an unter der Narkose der Assimilation dem Tod preisgegeben. Die Handwerkszünfte sind in den Hochöfen der Industrialisierung eingeschmolzen worden, die Regionen von den Nationen, die Nationen vom planetarischen Strategismus geschluckt worden. Überall planiert eine despotische »Normalität« das bewegte Relief von Bergen und Tälern der menschlichen Landschaft flach, bis hin zu den zwei Prinzipien, die die Welt bislang im Gleichgewicht hielten: nämlich Yin und Yang – feminin-maskulin –, die gerade dabei sind, zu einem einzigen, erbärmlichen Unding eingestampft zu werden. Und dieses Leben, unser Leben, dessen vielfältige Mäander, dessen chaos- und abenteuerreiche Fährten sich in den Sinnen, dem Wissen und der Seele immer wieder kreuzten und begegneten, sieht sich nun in drei Situationen, drei Phasen erledigt: in einem hingepfuschten brutalen Vorbereitungskurs ohne Rücksicht auf die Gesetze des Kindseins, anschließend in einer mit Silikon aufgeblähten »Jugend«, die künstlich auf ein Erwachsenenalter voller Hektik ausgedehnt wird, und schließlich in einem »Senioren«-Alter als häßlichem Appendix, dessen baldige Ausmerzung uns die Fortschritte der Wissenschaft versprechen.

Ich werde mich aber nicht lange damit aufhalten, dieser Welt den Prozeß zu machen, denn es fällt mir immer schwerer, ihr überhaupt noch den Kredit meiner Empörung einzuräumen. Wenn wir uns ihrem magnetischen Griff entziehen, wenn wir uns einfach weigern, an ihre unumstößliche Gegebenheit zu glauben, beschleunigen wir ihren Zerfall besser, als wenn wir uns mit ihr herumschlagen. Der handgreifliche Schlagabtausch birgt das unvorhersehbare Risiko, daß er den Gegner stärkt, ihn in seiner Existenz festigt. Meine Faustschläge verleihen ihm einen festen Brustkorb, meine Tiefschläge einen festen Bauch, meine Fußtritte stählen seine Schienbeine – und der letzte Schlag, mit dem ich ihn niederstrecke, verleiht ihm schließlich Stirn und Schädel, was ihm bislang fehlte.

Der pamphlethafte Ton, vor dem ich mich hüten möchte, knüpft unzählige Bande gerade mit dem, was er zu attackieren glaubt. Indem er in umgekehrter Richtung die gleichen Codes durchläuft, sich auf die gleichen Dinge bezieht, reproduziert er, wenn auch invertiert, Punkt für Punkt das Bild dessen, was er bekämpft.

Die ideologische Diskussion gebiert ihre fluchbeladenen Partnerpaare – unzertrennliche Gegner, die unermüdlich auf die Stimuli reagieren, mit denen sie sich gegenseitig beehren –, Partner, die sich im Nu von den lebendigen Geschöpfen, die sie einst waren, in getreue Seismographen ihrer jeweiligen Erschütterungen verwandeln.

Die Sprache, die ich wieder erlernen möchte, ist eine ganz andere – diejenige, die mir immer wieder die gefrorenen Äcker diktieren, wenn ich strahlend und stolpernd über den gehärteten Kamm ihrer Furchen einem stetig zurückweichenden Horizont entgegenschreite, wo die Krähen lärmen.

Nun ist es an der Zeit, einen anderen Weg zu versuchen als den, der vielen tödlich erscheint, und unsere Eingebungen und unsere Träume zu nehmen als das, was sie sind, nämlich Wirklichkeiten, die brachliegen und die wir nur zu besäen brauchen.

✳

»Weißt du eigentlich«, sagt mir eines Tages ein alter Freund aus dem Kongo, mit dem ich mich über das Vorhaben dieses Buches unterhalte, »daß man bei uns vor dem Übergang von einem Alter in ein anderes eine Prüfung ablegen muß?«

Verwundert sehe ich ihn an.

»Nein, nein«, sagt er lachend, »nicht eines von jenen Examen, die ihr an euren Universitäten praktiziert und wo man sich um jeden Preis zu einer festgesetzten Stunde am Rachenzäpfchen kitzeln und ein hastig hineingewürgtes Wissen wieder von sich geben muß , igitt!, nein: sondern eine andere Art Prüfung. Hier ein Beispiel: dein Alter? Ah ja! Um in den Klan der Achtunddreißigjährigen einzutreten, müßtest du den Beweis erbringen, daß die Pflanzen unter deinen Händen gedeihen und daß alles, was du pflanzt, zum Keimen kommt. Wenn in diesem Alter das Pflanzenreich deine Gegenwart schlecht aufnimmt, dann deshalb, weil irgend etwas in dir blockiert, verkümmert ist und dich zu einer Gefahr für die Gemeinschaft macht. Es wäre ein Zeichen dafür, daß du deinen Körper und deine Seele mißhandelt hast; es wäre also dringend an der Zeit, daß du dich besinnst.«

Ich war begeistert. Vor kurzem erst ist die Erde in mein Leben und unter meine Nägel gedrungen und ich würde künftig ohne sie zugrunde gehen. Die stolze Gärtnerin, die ich geworden bin, sieht die Berge von Salat, Radieschen, Karotten vor ihren Augen vorüberziehen, die sie dieses

Jahr geerntet hat. Rasch verdrängt sie in ihrer Erinnerung den Rhododendronbusch, der im Park verkümmerte und den eine alte Bäuerin aus der Nachbarschaft innerhalb von zwei Monaten voller Fürsorge und liebevollem Geflüster wieder zum Leben erweckt hat.

»Und du«, frage ich ihn, »welche Prüfung steht dir bevor?«

»Mit zweiundfünfzig Jahren werden mir drei Tage und drei Nächte Zeit gegeben, um einer Familie, die untröstlich mit dem Tod eines geliebten Mitglieds geschlagen ist, dabei zu helfen, ihre Verzweiflung zu überwinden und sie dann in Lebenskraft zu verwandeln. Wenn mir dies gelingt, bin ich unter den Menschen meines Alters aufgenommen.«

Er unterstreicht seine Worte mit einem Aufflattern seiner schlanken schwarzen Finger, die durch den hellen Saum der Handinnenflächen noch lebhafter wirken, und fügt hinzu:

»So nimmt unsere Verantwortung gegenüber der Schöpfung mit den Jahren immer mehr zu, vergleichbar mit den Wellenkreisen, die ein ins Wasser geworfener Stein erregt und die bis zum Ufer hin immer weiter werden. Wenn ich das allerletzte Stadium erreicht habe und im Kreis der Ältesten aufgenommen bin, werde ich für den Aufgang der Sonne verantwortlich sein.«

Diese Prüfungen, in denen ein Mogeln nicht möglich ist, begeistern mich.

Man könnte ins Schwärmen geraten über dieses unverhoffte Mittel, mit dem sich so manche unserer Zeitgenossen aus ihren verantwortlichen Positionen entfernen ließen, die sie sich mit faulen Schlichen ersessen haben und von wo aus sie ihre Trauerspiele inszenieren.

✳

Diese verschiedenen Alter des Lebens, denen ich nach-spüre, wollen wir wie viele verschiedene Gegenden berei-sen. Und unser Modell wird das Tao sein – der WEG.

Weit entfernt von jenem Funktionalismus, der alles nur als Glied innerhalb der Kette sieht, der das Samenkorn nur durch die Pflanze, die Eichel nur durch die Eiche, die Raupe nur durch den Schmetterling rechtfertigt, wollen wir versuchen, in jedem einzelnen Moment diese geschlos-sene Fülle zu finden, die bereits in sich selbst ihren Seins-grund hat. Jene Denkungsart, die nach dem Sinn dessen, was *ist*, nur in dem sucht, was daraus *resultiert*, und die sich die Macht anmaßt, Bewertungen vorzunehmen, über Wichtigkeit oder Unwichtigkeit jedes Phänomens nach ihren eigenen utilitaristischen Kriterien zu entscheiden, ist nichts anderes als ein Einbalsamieren von Leichen.

Ich möchte die Fähigkeit zur Verwunderung, zum Stau-nen wiederfinden, ohne die sich nichts Lebendes offen-bart. Daher werde ich mich hüten, mit Innovationen auf-zuwarten und bereits vorhandenen Inhalten noch weitere Inhalte anzufügen. Gegenwärtig kitzelt ein Heuschnupfen die Leute im Kopf und treibt sie pausenlos an die Schwelle des Niesens über eine neue Mode. Innerhalb der von Jahr-millionen geformten Menschheitsgeschichte ist diese kleine Grippeepidemie noch keine drei Jahrhunderte alt. Ein einziger Luftzug wird sie wieder fortwehen. Man braucht dazu nur einen Spalt weit die Tür zu öffnen.

Gönnen wir uns also im Gegenteil die Zeit, unter den Bergen von Schutt und Müll die alten Fährten, Wegmarken und Zeichen wiederzufinden – und zwar weder aus Nost-algie, noch aus feigem Traditionalismus, wie manch einer glauben wird, sondern sehr wohl aus Wagemut und leiden-schaftlicher Abenteuerlust.

Der einzig revolutionäre Geist lebt künftig in dem, der gegenüber der Schöpfung die Demut wagt.

Das Leben gehört nicht den raffgierigen Händen, die es verkaufen, quälen, manipulieren, beherrschen und knechten – es schenkt sich nur den offenen Augen der Kontemplation.

✳

Seit jeher waren die Frauen *passeuses*: Wegbegleiterinnen und Fährfrauen von Ufer zu Ufer.

Überall in der Geschichte und im Reich der Minderheiten oder Randkulturen begegne ich diesen Händen, die den Neugeborenen die Augen öffnen, den Reigen der Feste anführen, die Drangsale von Krankheiten und Elend entwirren, in den Körpern die Liebe erwecken und sich über die Sterbenden neigen. Noch heute spüre ich auf meiner Stirn ihre unbeschwerte Frische während der Fiebernächte meiner Kindheit.

Und als eine solche *passeuse* möchte ich diese Seiten beginnen. Angesichts der Verstümmelungen und Enteignungen, die die Frauen durch unsere Zeit der anonymen Institutionen erleiden, hege ich keinen nachtragenden Zorn. Meine Kräfte sind ungebrochen. Und wenn ich der Einfachheit halber *ich* sage, so spreche ich doch von allen Frauen, die in mir wohnen.

Muß ich noch eigens hinzufügen, daß ich auch die Männer nicht von meiner Einladung zu dieser Reise ausschließe? Zu dieser bedrohten Spezies zählen die liebsten, die unersetzlichsten meiner Gefährten. Auch wenn ich mit Hochgenuß und fröhlicher Unverfrorenheit erkläre, daß ich eine Frau bin, wähne ich sie, Fährtenhunde mit feiner Witterung, gleichfalls auf der Suche nach ihren eigenen Spuren.

Was wäre auch eine Welt, in der nicht die Begegnung der Gegensätze gefeiert würde – in der nicht Feuer und Eis, bitter und süß, dunkel und hell, Nacht und Tag, traurig und heiter, Leben und Tod, Mann und Frau gemeinsam die Arcana der Fülle ihres Seins feierten?

Ja noch mehr: mit ihnen, den wiedergefundenen Männern, will ich Zwiesprache halten wie *Alice im Wunderland* mit dem Einhorn.

»Sieh da«, sagte das Einhorn, als es Alice erblickte, »ich habe geglaubt, Kinder wären aus der Phantasie entsprungene Ungeheuer!«

»Sieh da«, sagte Alice, als sie das Einhorn erblickte, »ich habe geglaubt, Einhörner wären aus der Phantasie entsprungene Ungeheuer!«

Darauf folgte ein staunendes Schweigen – das schließlich das kleine Mädchen, eine durchtriebene Dialektikerin, brach:

»Wenn du an mich glauben willst, dann bin ich bereit, auch an dich zu glauben. Ist das nicht eine für alle beide annehmbare Lösung?«

✳

Unersättlich im Verschlingen von Tatsachen und Taten, begierig im Inszenieren extremer Situationen und verbissen im Sammeln von Herzen und Geistern, Körpern und Papier, entdecke ich immer wieder Dinge, die mich das Staunen lehren. Dabei ist nicht immer nur das Ereignis selbst das, was mir Entdeckungen und Erleuchtungen schenkt, sondern es kann sogar auch seine Abwesenheit sein.

Aus solchen Entdeckungen ist dieses Buch geboren. Denn in der wiedergefundenen Ruhe und Stille, fernab von den Brevieren und Handbüchern aus der jeweils aktuellen Zeit, entschlüsselt sich der weltalte Text der menschlichen Erfahrung.

✳

Das Geheimnis der Leere.

Wieder lernen, nichts zu tun, nichts zu stören. Schweigen. Dieses Radio, dieses Rundgefunke, das pausenlos sendet, dieses unbändige Geschwätz im eigenen Innern abstellen. Sich dem Dahintreiben der Stille, des Schweigens hingeben. In dieser ahnenalten Disziplin der buddhistischen Mönche waren wir als Kinder noch Meister.

»Was! Du tust nichts!«

Herausgerissen aus der verzückten Kontemplation eines Astlochs im Tisch, zuckt das Menschenjunge, in flagranti ertappt bei dem Delikt der Meditation, zusammen. Die Osmose, die sich zwischen ihm und dem Gegenstand – ganz egal welchem – eingestellt hatte, ist zerstört. Dieser Bruchteil Ewigkeit, der außerhalb der Zeit schwebte, wird seinen Händen entrissen und konfisziert wie ein Schusser. Der Schuldige, der Täter des Nichtstuns, wird auf der Stelle wieder in die obligatorische Hektik eingegliedert, zu der der Eifer seiner Erzieher ihn verurteilt. Manche, und ich habe einige davon gekannt, werden durch ihre Arglist gerettet und brillieren in der Inszenierung eines verbissenen und fiktiven Arbeitens. Die werden es weit bringen. Aus ihnen werden Männer und Frauen. Die anderen verzichten definitiv auf solche Auswege. Aus ihnen werden gute Staatsbürger.

In fast allen Kulturen wird diese Vakanz der Seele als wesentlich für das menschliche Leben aufgefaßt und als Vorhof der Erkenntnis geehrt. In unseren Breiten gleichen sich dagegen die Ideologien sämtlicher Couleurs darin, daß sie diese »Flucht vor der Realität« einstimmig verdammen. Die gesellschaftliche Ordnung, die Erziehung, die Arbeit, die Urlaubsregelung, alles zielt darauf ab, aus dem Bürger einen Un-Freien, einen »Besetzten« zu machen – wie unter der Herrschaft einer fremden Armee. Man braucht sich nur einmal anzusehen, wie rasch die »Frei-

zeitindustrie« die Zeit vereinnahmt, die etwa durch aufgezwungene Kurzarbeit in Perioden wirtschaftlicher Rezes-
sion freigesetzt wird, und wie rasch sich der Unglückliche,
sobald es ihm geglückt ist, sich aus der Flut von Fernsehka-
nälen zu retten, in den nächstbesten Body-Building-Kurs
eingeschrieben hat, sofern er nicht glaubt, er müsse unbedingt seine Küche renovieren.

Beim reinen Lauschen auf die Stille trifft man in unseren
Breiten kaum jemanden an – außer vielleicht ein paar
Künstler oder Kunsthandwerker, jene unverbesserlichen
Primitiven, und hie und da eine Hausfrau und Familien-
mutter, die sich verlaufen haben muß, einen Verliebten,
einen Postangestellten, einen Handelsvertreter oder vielleicht ein paar andere, die aufgrund eines unbegreiflichen
Zufalls vergessen haben, eine Vollkasko-Versicherung gegen das Leben abzuschließen.

Aber was ist eigentlich an der Kontemplation, an der
»Be-schaulichkeit« so subversiv, daß sie gnadenlos aus
unserer Zivilisation verbannt wird?

✳

Lehre der Dinge.

Bühne: Ein geöffnetes Fenster kann bereits genügen –
oder auch eine Parkbank – noch besser: der Wald.

Sich zur Ruhe kommen lassen. Den Brummkreisel der
Worte stoppen, der unseren Geist in sein zwanghaftes
Rotieren hineinreißt. Leidenschaftlich verstummen.
Schweigen. Und jede gedankliche Assoziation, sobald sie
sich einschleicht, sobald sie durch einen Riß in unser Ge-
wahrsein einsickert, gnadenlos zurückweisen.

Nichts tun, nichts stören. Sich treiben lassen.

Ich sitze auf einem Fels, lasse die Kälte durch die Dicke
meiner Röcke ein. Das Knistern und Knacken, die Laute
und Geräusche, der Duft der Erde durchdringen mich.

Aufgehobenheit – Schwebe. Schneidende Spitze. Lust zu schreien.

Plötzliche Vollkommenheit – Erfüllung.

Wo wollte ich gerade noch das Abenteuer suchen?

Ich lausche nicht. Die Laute decken mich zu wie Moos und Flechten.

Ich schaue nicht. Die Äste und ihre Schatten wachsen in meinen offenen Augen.

Ich atme nicht. Gleichmäßige Atemzüge bewohnen und leben mich in ihrem Aus und Ein.

Ich wittere nicht. Die Gerüche wuchern mir ihr feines Wurzelgeflecht in den Bauch.

Abwesenheit und Schwebe.

Wo wollte ich gerade noch das Abenteuer suchen?

✳

Bei einem Ausflug dieser Art kann man zumindest zwei Entdeckungen machen: Indem er nichts tut, hat der, der nichts tut, bereits viel getan; und was der Mensch braucht, um an das Ziel seiner Träume und seiner Möglichkeiten zu gelangen, ist nichts weiter als das, was er bereits hat: seinen Körper.

Und schon wird alles klar. Was die Meditation in den Augen der gesellschaftlichen und ökonomischen Ordnung so suspekt macht, ist, daß sie uns lehrt, uns woanders zu bewegen, in einem Kosmos, dessen unermeßliche Schätze sich dem Geld- und Warenverkehr entziehen.

Unter der Oberfläche und dem falschen Schein einer Epoche, unter ihren Vorspiegelungen und optischen Täuschungen tut sich eine unermeßliche Wirklichkeit auf, in die der Kontemplative, der »Beschauliche« eintaucht.

Was er gelernt hat, als »die ganze Wahrheit« aufzufassen, offenbart sich ihm als ihre Schminke, ihre Tarnfarbe.

Das Erstaunlichste an diesem Abenteuer ist, daß es ihn

in eine völlig fremde Ordnung der Dinge hineinzieht und ihm eine Sehweise eröffnet, in der er sich jedoch sofort mit schlafwandlerischer Leichtigkeit zurechtfindet.

Er gelangt in die Freiheit. Keine Kerkermauer ist zu dick, um den Ausbrecher, den Nomaden und Wanderer zwischen zwei Welten, zu dem er dann wieder wird, zurückzuhalten.

Weit davon entfernt, ihn seiner Zeit zu entfremden, festigt dieses Überwechseln von einem Ufer zum anderen vielmehr seinen Bezug zu den Dingen.

Nur der Geist, der mit dem Hin und Her zwischen Zeitlosigkeit und Gegenwärtigkeit vertraut ist, ist in der Lage, sich den Problemen seiner Zeit mit dieser gesteigerten Verantwortung, mit dieser erweiterten Sicht zu stellen, ohne die der Mensch der Gegenwart ein großer Säer von Katastrophen ist.

DAS LEBEN IM MUTTERLEIB,
DIE GEBURT, DAS NEUGEBORENE

Die Hälfte unseres Lebens ist geschnitten aus ein und demselben dunklen und kostbaren Obsidian: das Weilen im Mutterleib, die täglichen Nächte und der Tod.

Wer immer behauptet, er erinnere sich nicht bis in die Zeit vor seiner Geburt zurück, hat mir stets den Anschein erweckt, als würde er lügen.

Habe ich nicht jeden Morgen, wenn ich meine Bettdecke von mir stoße, wenn ich mich wohl oder übel zu einem Neubeginn entschließe, die Möglichkeit, wieder meinen ersten Vorstoß zum Licht zu erleben? Die Matrix aus Dunkel und Schatten, die mich in der Nacht umfängt und erst zur Stunde des Morgendämmers entläßt, versetzt mich wieder in jene einstige zurück, in der ich neun Monate meines Lebens verbrachte.[1]

Für den Erforscher des Schlafs, den Seiltänzer der Träume, den Artisten des Halb-Bewußten, der sich außerhalb des Körpers in sanfter Schwebe hält wie die Spinne am Ende ihres Fadens, ist die Nacht die Höhle des Ali Baba mit ihren unerschöpflichen Schätzen und Wundern. Da er den Tag mit der Nacht, das Leben mit dem Tode in sich ausgesöhnt weiß, findet er wieder Zugang in den Bauch, der ihm einst seine Gestalt gab und in den er jeden Tag zurückkehrt zu Hingabe, Aufgabe und Wiedergeburt. Derjenige, den der Schlaf bald meidet, bald bleischwer umschließt wie ein Sarg, kennt von dieser Höhle nur die bedrohlichen Ungeheuer, die ihren Eingang bewachen. Ihm bleibt die andere Seite der Welt verschlossen. In dem Glauben, er sei gezwungen, zwischen dem Tag und der

Nacht, dem Leben und dem Tod zu wählen, verpflichtet er sein Leben dem hektischen Aktivsein und wird nur ein einziges Mal geboren.

✳

Jeder Lebende hat am Anfang des Weges in der Nacht einer Frau gewohnt. Manchen ist dieser erste Aufenthalt zum Grab geworden. Die Not und Verzweiflung, die eine Mutter dazu treiben kann, das unbekannte, in ihrem Bauch kuschelnde Kind aus sich auszustoßen, erahne und respektiere ich. Im Namen des mitmenschlichsten und herzlichsten aller Gesetze, nämlich des Gastrechts, appelliere ich aber für diejenigen, die sich – von weit her gekommen – entschieden haben zu einer Rast in uns, an das heilige Recht auf Asyl.

✳

Es gibt heute Frauen, denen die Schwangerschaft, das Tragen eines Kindes, eine Last bedeutet. Warum wir und nicht die Männer, fragen sie wie angesichts eines Unrechts und kehren damit die älteste Frage der Welt um, nämlich die, die sich die Männer stellten, als ihnen im Laufe der langwährenden alchimistischen Transmutation, die von der Liebesumarmung zum Entstehen eines neuen Wesens führt, klar wurde, daß die Götter sich die Frauen zu ihren Verbündeten erwählt hatten. Warum sie und nicht uns, fragten sie sich – und abgrundtief war ihre Ratlosigkeit, wie die Fülle von Mythen, Bräuchen und initiatischen Praktiken uns berichtet. Zahlreich waren einmal die Stämme gewesen, die diesen Bund zwischen der Götterwelt und den Frauen respektierten und sich für die matriarchalische Ordnung entschieden – und das Erbe wirkt noch bis in die verborgensten Winkel unserer Freundschaften und unserer Lieben ein. Andere wieder spielten

23

die Karte der Domination – also der »Herr-schaft« – und knüpften allmählich Masche um Masche das unentwirrbare Netz einer ganzen Ersatz-Ökonomie von Begehren und Macht.

Aus der jahrtausendealten Geschichte des Patriarchats läßt sich das faustische Erbe von Besitzgelüsten und frustriertem Trotz ablesen. Die Beschlagnahme der Domäne der Hebammen (nämlich Schwangerschaft und Geburt) durch die Ärzteschaft und die »Ersetzung« der Mutter durch den Wissenschaftler bei der Technik der *in vitro*-Befruchtung sind dafür die zwei jüngsten Illustrationen in der Geschichte.[2]

Auf diese Weise hat sich die höchste Auszeichnung des Kindergebärens – im Bewußtsein sogar auch derjenigen, die dieses Privileg geehrt hatte – in ein Gefühl unwohler und ungebührlicher Belastung verwandeln können. Bei manchen geht dies sogar so weit, daß sie die Erinnerung an den Bund verloren haben, den die Götter einst mit ihnen geschlossen hatten. Andere, und das sind nicht wenige, erinnern sich jedoch noch daran – etwa jene junge Frau, die ich gerade in einem Park sah und die mit dem Stolz einer Infantin und katzenhaft geschmeidiger Umsicht einen prachtvollen Bauch vor sich hertrug.

✳

Ich liebe diese schwangeren Frauen, die sich die Maler der Renaissance als Modelle für ihre Marienbildnisse wählten und auf deren Gesichtern die lebhafte Anmut der noch heranreifenden Adoleszenz mit einer seelenruhigen Bewußtheit ihrer Würde wetteiferte. »Gott hat mich auserwählt«, sagt unter dem klaren Rund der Brauen ihr Blick. Und »Gott hat mich auserwählt« sagen auch die Hände mit ihren aufgehaltenen Fingern, denen wie flüssiges Gold das Licht von Florenz entfließt.

Ich kann die Augen nicht ablassen von ihren lebenden Repliken, wo immer ich ihnen heute begegne. Zuweilen bemerke ich, wie ihr Erscheinen und Vorübergehen ein Unbehagen, eine geheuchelte Gleichgültigkeit auslöst. Ich erkenne dahinter ihre Zugehörigkeit zu einem hybriden Mittelreich zwischen Himmel und Erde, das heute durch keinerlei Ritual mehr geehrt wird.

Aber sie sind da, lebendig und leibhaftig, leicht berauscht zuweilen von diesem Abenteuer. In den unterseeischen Gründen ihres Leibesinnern regt und wiegt sich sacht der heimliche Passagier.

✳

In den Augen der australischen Aborigines ist das Kind eine Art unsichtbarer Kobold, der in Wald und Busch haust. Wenn er ein Paar im Moment des Liebens überrascht, und wenn der Mann und die Frau ihm gefallen, so schleicht er sich durch den Spalt, den das Glied ihm mit seinen wiederholten Stößen freilegt, ein und läßt sich seelenruhig in der Wärme des Schoßes nieder, den er sich ausgesucht hat. Zwischen diesem Gnom, der die Initiative zu seinem Leben listig selbst ergreift, und dem von einem gallertartigen Samenerguß befruchteten Ovum aus dem Sexualkundeunterricht besteht ein ebenso himmelweiter Unterschied wie zwischen den Schulbüchern und dem wirklichen Leben mit seinen Festen und Feiern.

✳

In den Zeiten, als ich mich, vollgestopft mit jenen Amphetaminen, die die Erziehungsfachbücher und psychologischen Diskussionen sind, einem Kind gegenüber nie anders als strotzend vor entlehntem Wissen gebärdete, fand ich mich einmal unversehens den Fragen meines Neffen über seine Geburt ausgesetzt.

An einem verregneten Nachmittag wurde alles tapfer abgehandelt – von Ovulum und Spermatozonen, von Eileiter und Hoden. Ich war nicht wenig stolz auf die Anschaulichkeit meiner dazu gelieferten Skizzen.

»Und das ist alles?« fragte er, als er sah, wie ich die Buntstifte wieder ins Federmäppchen steckte.

»Ja, das ist alles.«

»Ach ja!?«

Ich blickte auf und konnte dieses »Ach ja!?« aus seinem Gesicht ablesen. Und dieses leichte, fast unmerklich ironische Schmunzeln, diese Gelangweiltheit auf dem Grunde seines Blicks habe ich nie vergessen.

Daß das Leben das Produkt der zufälligen Begegnung zwischen einer Kaulquappe und zwei Hasenohren sein sollte (ein Vergleich, zu dem ihn meine Skizzen von Samenzellen und Eileitern inspirierten), diesen Schritt, den ich so leichthin absolviert hatte, weigerte er sich felsenfest mir nachzutun.

Er dachte nicht: Sie lügt mir etwas vor. Nein, sondern er war nur betrübt darüber, daß sich ein Erwachsener, den er gern hatte, mit einem *so geringen Bruchteil* der Wirklichkeit begnügen konnte.

Umgekehrt erkannte ich plötzlich das unbefriedigte Gefühl wieder, das ich bei den Geschichten von den Störchen, dem Kohl und den Rosen aus meiner Kindheit empfunden hatte, und wie frustriert ich darüber gewesen war, daß man mir die andere Seite des Geheimnisses einfach schamlos vorenthalten hatte: meine Odyssee im Bauch einer Frau.

✳

Hatte die bürgerliche Prüderie oder »G'schamigkeit« auch das Abenteuer der Biologie zu einer sündhaften Affäre zwischen verschwitzten Laken erniedrigt, so bewahrte sie doch wenigstens – gewissermaßen aus Versehen – in einer beschönigten und marklosen Version die alten Metaphern einer tiefen Grundwahrheit: unsere Abstammung von und Verwandtheit mit anderen Reichen der Natur. Der Storch, der uns, unsere Eltern und Großeltern in von Konventionen eingesperrte Familien brachte, lieferte uns auch den Schlüssel zur Freiheit: Diese hier ist nicht deine einzige Familie!

Jeder von uns ist Kind des Mannes und der Frau, die es gezeugt haben, und gleichzeitig Kind der Schöpfung. Vielfältig und weitreichend ist unsere Verwandtschaft. Nie können wir völlig verlassen sein.

Haben dieser Mann und diese Frau uns leidenschaftlich geliebt, dann sind sie uns Vater und Mutter. War das Gegenteil der Fall, dann sind sie nur die Türflügel gewesen, die wir aufgestoßen haben, um in die Welt zu gelangen – und sonst nichts.

Wohin wir auch blicken, ist die Natur ein Spiegel und eine Fortsetzung, Vielfaches und Abwandlung von uns bis ins Unendliche. Das Reich der Minerale, das Pflanzen- und Tierreich sind unendliche Variationen ein und desselben harmonischen Musters. Aus den gleichen Elementen, den gleichen Bauprinzipien, woraus ich geschaffen bin, ist in einer atemberaubend erfinderischen Kombinationslust auch die Erde zusammengesetzt, auf der ich tanze und auf der mein Körper, wenn er gestorben ist, zergehen wird wie die Praline auf der Zunge. Auch der Weißdornzweig in meiner Vase, das Holz meines Tisches, die Katze, die ihr Leben mit mir teilt, und der Wind, der an meiner Fensterscheibe rüttelt.

»Mein Bruder Wolf« und »meine Schwester Aue« des heiligen Franz von Assisi sind für den überwiegenden Teil der Menschheit noch heute eine existentielle Grundwahrheit, die das Leben auf Schritt und Tritt bestätigt, und sie bestimmen bis in unsere Breiten die Weltsicht jedes Kindes, bevor die Erziehung es überrumpelt.

Unsere Verwandtheit mit den anderen Reichen der Natur ist beileibe nicht nur eine poetische Ausschweifung oder nur mystische Erfahrung, sondern sie ist die Grundlage der elementaren Chemie.

✳

Als ich neulich den Forschungsbericht über Untersuchungen eines großen Spezialisten der Kinderpsychologie las, die zu dem Schluß kamen, daß die Definition des Säuglings als »rein vegetatives Wesen« hinfällig geworden sei, dachte ich: Wie viele Jahre hirnrissiger Studien hätte ihm ein offenes Gespräch mit seiner Zugehfrau oder der Frau vom Milchladen gleich um die Ecke erspart!

Ich kann mich nicht entsinnen, daß ich jemals einer Mutter begegnet wäre, die nach der notwendigen Zeit für eine Aussprache und für das Aufkommen von Vertrautheit nicht auch zugegeben hätte, daß ihr das Kind, das sie zur Welt gebracht hat, *schon von Anfang an* wie ein bereits fertiges, autonomes und unmißverständlich ganzes Menschenwesen vorgekommen sei.

✳

Eine alte Bäuerin von zweiundachtzig Jahren aus meinem Dorf, die mir im Mai zwei Wegstunden von uns entfernt in der Gegend des Weilers Wolfsberg die einzige Stelle zeigte, wo man noch Arnika findet, erzählt mir unterwegs von ihren Kindern. Ihre beiden Töchter, ebenfalls bereits Großmütter, leben in der Gegend und kommen sie oft besuchen – außer im Frühling, Sommer und Herbst, wenn auf dem Hof zu viel zu tun ist. Ihre drei Söhne sind tot. Der Älteste ist bei Stalingrad gefallen. Der zweite hat die Gelegenheit eines Heimaturlaubs von der Front dazu benutzt, sich mit einem Axthieb die Hand abzuhacken. Aber da zu viele seiner Waffenbrüder auf die gleiche Idee gekommmen waren, hat ihn seine Versehrtheit nicht davor bewahrt, daß er erneut einen Stellungsbefehl erhielt und bald darauf ebenfalls den Tod fand. Ja, mit achtzehn Jahren.

»Der dritte…« sagt sie und ihre Stimme wird noch dünner, bis sie schließlich vollends erstirbt. Sie bleibt stehen und schneuzt sich in den Ärmel.

»…der hat alles verstanden«, stammelt sie, »alles…«, vor ihre Augen legt sich ein grauer Nebel und ihr verwittertes Gesicht wirkt wie Erde.

»Das war vielleicht einer«, stammelt sie weiter.

Erst später begreife ich, daß er vor sechzig Jahren an einer Rippenfellentzündung gestorben und damals erst ein halbes Jahr alt gewesen war.

Als ich nach einem langen Schweigen zu fragen wage, ob der Verlust eines noch so kleinen Kindes eine Leere zurückläßt, die der des Todes von erwachsenen Jungen vergleichbar ist, blickt sie mich entgeistert an und kann sich nicht entscheiden, ob sie glauben soll, daß ich ihr diese abwegige Frage tatsächlich habe stellen können.

Felsenfest bis ins Beleidigende mißgönnt sie mir eine Antwort und zeigt nur mit dem Finger auf ein Nest mit Schwarzstörchen zwanzig Fuß hoch über unseren Köpfen.

✳

Von seiner Mutter hat das Kind das Rote (Blut, Eingeweide und Herz), von seinem Vater hat es das Weiße (Mark, Nerven und Gehirn), und von Gott wird seinem Körper das Leben eingehaucht. Diese Dreigeteiltheit der Funktionen, wie sie der Talmud darstellt, finde ich wundervoll. Gewiß werden sich so manche vergrämte Seelen finden, die diese Zuteilungen gegeneinander abwägen und sie für die eine oder die andere der genannten Parteien diskriminierend finden. Ich für meinen Teil weiß aber nicht, was ich mehr bewundern soll – die prachtvollen Farben dieser Insignien oder die Art, wie an der betreffenden Talmud-Stelle weiter gesagt wird: Zieht sich ein einziger der Teilnehmer aus dem Spiel zurück, so findet das Spiel Leben nicht statt.

Auf dem tiefsten Grund der uterinen Nacht leuchtet ein schwaches Licht, in dessen Schein der Fötus, wenn er nicht schläft, in uralten Folianten die Gesetze Gottes und des Lebens studieren kann. (Auf diese Art verläuft, weiterhin nach der talmudischen Tradition, der Aufenthalt des Kindes im Schoß der Frau.) Der kleine, in seinem Gehäuse aus Fleisch hockende Weise weiß schon bald ebensoviel, wie er nach seiner langen und studienreichen Fahrt durch das Leben wissen wird. Die gesamte Menschheitsgeschichte schreibt sich seiner Seele ein. In dem Augenblick, wo er geboren wird, schwebt jedoch der Engel des Vergessens zu ihm nieder und schlägt ihn auf den Mund, denn ohne die Fähigkeit des Vergessens ist kein Leben möglich. Alles löscht sich aus seinem Gedächtnis. Er kommt mit allem Anschein von Nichtwissen, Nacktheit und Verletzlichkeit auf die Welt.

Jeder, der einmal seinen Blick in den eines gerade erst – vor ein paar Stunden, höchstens ein paar Tagen – geborenen Kindes vertieft hat, entdeckt nicht ohne Bewegtheit in diesen erzählenden Augen das wundersame Abbild dessen, was es bereits erlebt hat.

Wie einem mit knapper Not wieder ins Leben zurückgeholten Ertrunkenen noch eine Weile die frische Spiegelung seines Forttreibens in den Augen steht, so verbreitet das kaum erst geborene Kind noch eine Zeitlang um sich den Glanz dieses anderen Reiches, dem es gerade durch die Geburt entrissen wurde. Die ursprüngliche Einheit, von der sein Auf-die-Welt-kommen es abtrennt und in der es später nach dem Tod seine unterbrochene Meerfahrt wiederaufnehmen kann, erfüllt noch seine Augen mit einer so heiteren Ruhe und zugleich einem solchen Ernst, daß es dem, der sich darüberneigt, passieren kann, daß er mit Leib und Seele darin versinkt.

Häufig geschieht dieses erste Wunder, das diejenigen, die seine Zeugen sind, verwandelt, von allen unbemerkt zwischen den verchromten Gittern eines kleinen Krankenhausbettes in einer Entbindungsstation.

Gemeinhin ist es üblich, mit dem »Neugeborenen« die Attribute »schwach« und »zerbrechlich« zu assoziieren. Zeitlebens habe ich jedoch das Gefühl, ich stünde einer der meinen unbestreitbar überlegenen Kraft gegenüber, nur beim Anblick von Neugeborenen empfunden – zumindest in unserer Gesellschaft, denn wie groß war meine Verwunderung, als ich in Indien in den Gesichtern von Sadhus und weisen alten Männern der gleichen Qualität des Blick begegnete!

✳

(Kaum erst sind wir zu unserer gemeinsamen Reise durch die Alter des Lebens aufgebrochen – und schon sind wir geboren! Was für eine sträfliche Überstürzung! Es sei mir gestattet, Dich, den Leser, noch einen Augenblick im Bauch Deiner Mutter zurückzuhalten! Wer erinnerte sich nicht mehr an das Rumoren, manchmal gar Getöse, das im Innern der Frau herrscht! In ihrem Innern rauscht das Blut, gluckert das Wasser und glucksen die Magensäfte. Und in engen Passagen zischen die Galle und die Chylussäfte. In ihrem Innern plätschert das Fruchtwasser der Gebärmutter, in der Du schwimmst.

In ihrem Innern schlägt ununterbrochen ein nahes Herz – und ganz dicht bei Dir vollzieht sich das wilde Wunder der zermahlenden und zersetzenden Verdauung – und die

Verwandlung der Nahrung in lebendige Kraft, deren substanzenreiches Elixier in Dich eintropft. Hin und wieder kommt sogar wie eine heiße, harte Schnauze das Geschlecht Deines Vaters gegen die schützende Wand Deiner Höhle gestoßen. Und gedämpft und übermittelt von der vertrauten Stimme derjenigen, die Dich beherbergt, dringt das Leben der Außenwelt zu Dir herein.

Gibt es auch heute noch etwas, was Dich besser in den Schlaf wiegt als draußen das Wasserrauschen in den Regenschauernächten oder in der Trance eines Fiebers ein Stimmengewirr aus dem Zimmer nebenan?)

✳

Diejenigen, deren Kindheit Gewalt angetan wurde, setzen, erwachsen geworden, die Gewaltakte, die sie auszuhalten hatten, an ihren Kindern fort. Denn sie halten das, was sie am eigenen Leib erfahren haben, für die einzige Wirklichkeit. Sie trennen die Neugeborenen von den Müttern und verbannen sie in das Exil von Säuglingsstationen, in denen das *Unisono* der Not- und Verlassenheitsschreie ihrer Unglücksgefährten an die Stelle der vertrauten und vielgestaltigen Geräuschkulisse tritt.

Es gibt spektakuläre Verbrechen wie die, mit denen die Tages- und Wochenzeitungen gespickt sind, und es gibt trübe und alltägliche, wie das institutionalisierte Fortreißen des Neugeborenen von seiner Mutter, dem man keine Schlagzeilen widmet.

Zwei Körper, die einmal in einer so intensiven Osmose miteinander gelebt haben, lassen sich nicht abrupt trennen, ohne daß dies katastrophale Folgen hat. Eine Weile – und das bedeutet: lange Monate – benötigen sie unbedingt, um sich dieser neuen Entzweitheit oder Zweiheit bewußt zu werden und ein anderes Empfinden, ein anderes Gleichgewicht als Ersatz dafür zu finden.

Das Katzenjunge, das von seiner Mutter bei der Geburt nicht geleckt wurde, ist selten lebensfähig. Beim Ausbleiben der taktilen Erregungen, die zur Erweckung der Nervenenden unerläßlich sind, verfällt es in eine Lethargie, aus der es durch nichts mehr herausgerissen werden kann. Wenn die liebende Fürsorge nicht zugegen war, als es auf die Welt kam – welchen Grund hätte es dann, sich hier noch länger aufzuhalten?

Das Menschenjunge überlebt im Gegensatz zum Katzenjungen in den meisten Fällen die allgemeine Gleichgültigkeit. Wenn die Hände seiner Mutter es nicht in Empfang nehmen, nicht liebkosen, nicht massieren, den magnetischen Strom der Liebe nicht zu ihm überleiten konnten, dann äußert es trotz der Verlassenheit und des Schreckens, die ihm die Kehle zuschnüren, alle sichtbaren Anzeichen von Leben – und es gleicht darin jenem Ritter in Ariosts *Orlando furioso*, den ein Schwerthieb getötet hatte und der, da er dies im Getümmel des Kampfes nicht bemerkt hatte, noch weiter focht, so tot er bereits war.

Diese so würdelos begrüßten Kinder, denen die große Gelegenheit, sich für das Leben zu begeistern, schändlich geraubt worden ist, glaube ich überall auf den ersten Blick zu erkennen. Sind sie nicht jene Zombies, jene Ritter der Abstraktion, die in unseren Gesellschaften umgehen und denen niemals etwas – weder die Vernichtung von Bräuchen und Verbundenheiten, noch die Ausrottung von Wissen und Glauben, noch die Zerstörung der Fauna, der Flora, der Meere, der Wälder, noch die Inszenierung von Kriegen – auch nur einen Aufschrei entlockt? Lebendig sind sie nur in dem Maße, wie es erforderlich ist, um in einem Einwohnermeldeamtsformular oder auf Wahlkreislisten geführt zu werden. Zwischen ihnen und dem Leben ist der Funke der Liebe nicht übergesprungen.

✳

33

Die Mutter, die ihr Neugeborenes an sich drückt – in einem nach Indianerart geknoteten Schultertuch zum Beispiel – weiß, daß nichts das Kind wach macht, wenn es schläft, weder der Lärm von Stimmen, noch das Spielen von Kindern in seiner Nähe, noch das Donnern eines Lastwagens, noch das Durchgeschütteltwerden, wenn sie zu rennen beginnt. Es schlägt höchstens kurz ein Auge auf, um es sogleich wieder mit einem Seufzer des Wohlbehagens zu schließen. Sein Vertrauen ist vollkommen. Die Bewegung ist sein natürliches Element. Seit seiner Empfängnis schwimmt, schwankt und schaukelt es. Die Unbewegtheit eines einsamen Bettes ist für das Neugeborene nur ein Vorgriff auf das Grab.

✳

Auf das Ende des Weilens im Uterus ist ein nächstes Reich gefolgt, dessen Grenze fortan die Aura von Wärme und Geruch um den Körper seiner Mutter ist – ein komprimiertes Universum, vergleichbar der Mandel-Glorie oder Mandorla, die die Christusgestalten auf den Giebelfeldern der romanischen Kirchen umgibt.

Diese Phase, in der jeder der beiden Körper ständig besorgt die Bewegungen und Wünsche des anderen[3] verfolgt, läßt sich nur mit den ersten Zeiten einer Verliebtenpassion vergleichen. In ein und demselben Klima von fiebernder Hitze und beinahe Unwirklichkeit suchen, vereinigen und liebkosen sich zwei Wesen, ohne je den Hunger oder die Hingerissenheit zu erschöpfen, die sie nacheinander empfinden. Die Störung des Schlafs, die Vermengung von Tag und Nacht begünstigen ein Hinübergleiten in andere Ebenen der Wahrnehmung.

Die ungewohnte Intensität des biologischen Erlebens bewirkt eine erstaunliche Verfeinerung der Sinne: Gerüche, Geräusche und Berührungen gewinnen eine extreme

Schärfe und prägen sich in die tiefsten Tiefen des Gedächtnisses ein. Alles hat den Geschmack und Geruch des anderen – das gekaute Brot, das getrunkene Wasser und das Kopfkissen. Alles ist ein Teil des anderen und strahlt vor Begeisterung für ihn – von der Türklinke bis zum schiefgerückten Lampenschirm.

※

»Aber wie stellen Sie sich vor, daß heute eine Frau...?«

Wird mein mangelnder Sinn für die Realität hier nicht Mißfallen erregen?

Diejenigen, die ganz schüchtern beginnen, an das zu glauben, was sie mit eigenen Augen entdecken, was die Stille ihnen eröffnet, was ihr eigener Körper ihnen ganz leise offenbart, erwartet eine ungeheuer skurrile Erfahrung: Ein Mangel an Sinn für die Realität wird ihnen unweigerlich gerade von denen vorgeworfen, die jeden Kontakt mit der Realität verloren haben – da sie sie unwiderruflich mit dem komplizierten Gerüst der ökonomischen Imperative und gesellschaftlich-sozialen Gesetzgebung verwechselt haben.

Der Frau, die sofort, nachdem sie ihr Kind zur Welt gebracht hat, fest entschlossen das verteidigt, was sie für ihre Individualität hält, oder die die »Trennung der beiden Körper« überstürzt oder auch nur duldet, wird ein großes Abenteuer entgangen sein.

Nicht nur wird dieses Kind, das ihr als magischer Führer hätte dienen können, lange Zeit nur ein kleiner Schatten sein, der die Augen auf ihr Hin und Her heftet, zu eigenen Schritten unfähig ist und den jedes Getrennt-Sein erschüttert und den kein Anwesend-Sein befriedigt. Sondern auch sie, die sich, indem sie entsprechend den gültigen Klischees auf diese Art handelte, zweifellos einbildete, sie könne ihr eigenes Leben leben, hat dabei eine der großen ihr gebotenen Gelegenheiten ungenutzt gelassen, um den Grenzen zu entkommen, die Normen zu überschreiten und die Spannweite ihrer verborgenen Möglichkeiten kennenzulernen. Da sie es nicht versteht, sich mit Glut und Begeisterung dem zu widmen, was sie erlebt, bleibt sie weiterhin ein junges Mädchen, das beiläufig geschwängert, sich selbst überlassen und auf halbem Wege ihrer eigenen Geschichte vergessen worden ist. Den Dingen, die sie sich um jeden Preis erhalten wollte, wird sie fortan inmitten der allgemein herrschenden Gleichgültigkeit nachgehen können; wer wollte ihr diesen Satz, diese leere Schale – nämlich eine unausgefüllte Unabhängigkeit – schon entreißen?

✳

Indem sie die genehmigte Zeit für die Geburt, für den sogenannten »Schwangerschafts- und Mutterschaftsurlaub«, für die Hochzeiten, die Feste, die Krankheiten, den Tod und die Trauer amtlich regelt, erfaßt und überwacht, erspart uns die gesellschaftliche Ordnung die aufrührerischen Gefahren der Gefühle.

Nicht ohne didaktische Absicht gemahnen uns seit so vielen Jahrhunderten die Kruzifixe, allüberall in den Kirchen aufgestellt, an das Los, das denjenigen bestimmt ist, die die Liebe über den per Gesetz bestimmten Geltungsbereich hinaustragen.

✳

Zugegeben: Die Frauen aus dem gegenwärtigen gesellschaftlichen Kontext herauszunehmen, wie ich es gerade getan habe, und von ihnen ein Verhalten zu erwarten, das sich der kollektiven Konditionierung entgegensetzt, zeugt von einer intellektuellen Unlauterkeit.

Beging aber der heilige Nikolaus nicht eine ähnliche Unlauterkeit, als er die drei kleinen Kinder aus dem Pökelfaß, in das sie kleingehackt eingelegt worden waren, wieder heil und unversehrt auferstehen ließ? Dieses Wunder ist mir in gewissem Maße zum vertrauten Erlebnis geworden – denn eine Menge von solchen Wiederauferstandenen, die die Hackebeile der Technobürokratie aufgrund eines metzgereitechnischen Programmierfehlers wieder heil und unversehrt ausgeworfen haben, konnte ich selbst kennenlernen!

Mit dem Vergnügen, das mir eine gutgeölte Gehirntätigkeit und das klare Schnurren der Kurbelwellen in der Transmission von Dialektik und Kritik bereiten, nimmt mit den Jahren auch mein seelenruhiges Vertrauen in die Wunder zu.

Unter den Frauen und Männern, die ihr Leben lang wie jeder von uns dem gnadenlosen »Gesetz des Milieus« (nämlich der hoch-industrialisierten Gesellschaft) unterworfen sind, finden sich immer noch einige, die heimlich wider alles Erwarten die letzten Brutweiher für Seelen unterhalten.

In Illegalität und Underground – unter den Dächern, die der Engel Asmodi aus einer Erzählung von Voltaire mit so viel Vergnügen aufdeckte – wandert und verbreitet sich wie ein unterirdischer Moorschwelbrand die unausrottbare subversive Kraft der Liebe.

✳

Beginnt man es mit dem einzig richtigen Zeitmaß – nämlich mit maßloser Zärtlichkeit –, so kann das Abenteuer mühelos beschwingt seinen weiteren Verlauf nehmen.

Auf diese prägende Phase, in der noch keiner von beiden, weder die Frau noch das Kind, genau unterscheidet, wo sein eigener Körper anfängt und wo der des anderen aufhört, folgt die Zeit des gegenseitigen Wahrnehmens und Anerkennens.

Zwischen zwei fortan unterschiedenen Körpern ist ein Hinundherwechseln künftig nur noch über den Steg der Liebe möglich.

Es beginnt ein Abenteuer, dessen erfolgreicher Ausgang sich daran mißt, wie intensiv die vorausgegangene Osmose gewesen war.

Einhergehend mit dieser neuen Partnerschaft, die die Welt für beide in frischen Farben erscheinen läßt, findet die Frau wieder zurück zu ihren eigenen Lebensrhythmen und zu ihrem Appetit auf den Mann. Das Kind wiederum entdeckt seinen Vater, die anderen – und einen neuen, über alle Maßen größeren Mutterleib: die Erde.

Und doch bedeutet – wie jede Vertreibung aus einer vertrauten Welt – die Entwöhnung von der Mutterbrust Entwurzelung und Leiden.

Aber zwischen einer verfrühten Trennung und einem Wandel, der sich vollzieht, wenn die Zeit dazu reif ist, besteht ein himmelweiter Unterschied.

Erstere entmutigt und zerstört; letzterer stößt mit einem Mal die Tore zur Zukunft auf.

Dieses erste Abenteuer ist, wenn erfolgreich bestanden, das Paradigma für diejenigen, die folgen werden. Es prägt sich die Information ein: Ja, ich kann weitere Schritte wagen, ich kann es riskieren, noch weiter zu gehen. Das Herz faßt sich. Die Intelligenz erkühnt sich. Es herrscht also die bebende Erregtheit zu Beginn einer Reise.

✳

Das ganze Leben wird ein beständiges Wechselspiel sein – bald weitet sich der uns gewährte Raum bis ins Unendliche; bald schnürt uns seine Enge in eine Zwangsjacke ein.

Die neue Freiheit, die die Geburt dem Menschenjungen nach dem beengten Weilen im Mutterbauch schenkt, beginnt es anfangs zu verunsichern.

Später, wenn es selbständig die unsichtbare Schale durchbricht, die es in der Nähe seiner Mutter hält, wird es dorthin streben, wohin seine anfangs tapsenden vier Pfoten und dann seine zwei Beine es tragen.

Und Schritt um Schritt stoßen die verschiedenen Alter des Lebens dem Kind weitere Türflügel auf, öffnen ihm weitere Gefilde, stürzen Zäune und Schranken um und rücken die Grenzen seines Reiches immer weiter zurück.

Als jungem Menschen eröffnen ihm sein Ungestüm und der Ruf der Weite in dem unersetzlichen Rausch seiner Irrfahrten ins Unbekannte andere Arten, auf der Welt zu sein. Aber das Leben stellt ihm auch seine Grenzpfähle in den Weg und birgt in den Unendlichkeiten, die es öffnet, auch seine versteckten Fallen. Unsichtbare Riegel rasten ein: Mauern packen ihn bei den Schultern, Verzweiflung, Krankheit, ungewollte Einsamkeit schließen ihn ein. Manchmal wieder ist es im Gegenteil die Liebe, die um seinen Körper einen jener Seidenkokons spinnt, in die die Lüste und Freuden ihn einkerkern und in denen ihm das Leben der Außenwelt nur noch wie ein künstliches Spiel durchsichtiger Schatten erscheint.

Später, als Erwachsener, errichtet er ganz nach Belieben seine freiwilligen Zäune – er entscheidet sich für einen bestimmten Beruf und gründet eine Familie. Alles wird wieder enger um ihn herum. Manchmal stößt er mit dem Schädel gegen Säulen und Deckenbalken. Aber wie bescheiden es auch sein mag, dieses Universum – und zugleich Mikrokosmos des anderen – ist sein eigenes.

Später, wenn seine Pflicht erfüllt ist, seine Kinder großgezogen sind und das ihm zugeteilte Maß geleistet ist, kann er sich erneut zu einer neuen Freiheit aufschwingen. Noch einmal entfaltet der Raum vor ihm seine reiche Unendlichkeit. Danach verlangsamt das Alter seine Schritte. Der Raum verengt sich erneut. Die unsichtbare

Schale schweißt sich sacht wieder um ihn zusammen – die Erde nimmt ihn wieder in sich auf.

Aber von allen Überraschungen dieser Spiele von sich öffnendem und schließendem Raum bleibt das Mysterium der *coincidentia oppositorum*[4] immer noch das ergreifendste.

Oft öffnen sich gerade dort, wo der Raum am engsten erscheint (bei Schwangerschaft, Krankheit, Verzweiflung, Liebesleid, ungewollter Tatenlosigkeit, freiwilliger Eingeschlossenheit, Alter) plötzlich – durch unvermutete Mechanismen – die grenzenlosesten Aussichten. Dort, wo alle Wege enden, beginnt die *andere* Reise.

2

DIE FRÜHE KINDHEIT

»Oftmals habe ich auf brüchigen Mauern, in der Lache
eines Morasts, in der Glut, die zu Asche zerfällt, in der
zufälligen Gruppierung von Steinen auf einem Weg, in den
fließenden Konturen von Wolken unverhoffte Land-
schaften, tobende Schlachtfelder, Gesichter von unbe-
schreiblicher Schönheit, Monster, Dämonen und vielerlei
andere wunderliche Gesichte erblickt. Ich brauchte nichts
anderes mehr zu tun, als mich für eines zu entscheiden und
es weiter zu einem Ganzen zu fügen.«

In diesen Zeilen, worin Leonardo da Vinci seine Vorla-
gen enthüllt, findet sich das eigentliche Wesen der frühen
Kindheit offenbart. Dieser Blick, der aus den Dingen noch
anderes Anwesendes »auffliegen läßt«, das sich in ihnen
verbirgt, ist kennzeichnend für dieses Alter des unmittelbaren, direkten Wahrnehmens. Ohne Vor-Auswahl bieten
dem kleinen Kind allein seine offenen Augen dar, was ist
oder was sein kann, und nicht wie später in dem großen
black-out der zivilisierenden Vernunft die Projektion dessen, was sie fortan in den Dingen zu sehen haben. Es weilt
noch in jenem magischen Raum vor der Beschränktheit; es
wählt unbehelligt selbst zwischen den unzähligen Möglichkeiten, die ihm die Wirklichkeit bietet.

Sein neuer Mutterleib ist die Erde – was es von ihr
berührt, was es von ihr riecht, was es von ihr ahnt.

Bevor sie ihm in eine starre und farblose Kulisse verwandelt wird, stürzt es sich mit allen Sinnen in sie hinein. Jede
neue Entdeckung von etwas Äußerem offenbart ihm etwas
Inneres in ihm selbst. Die Gerüche schaffen ihm eine Nase,

die Geschmäcke eine Zunge, der Morast, in dem es planscht, erschafft ihm Zehen. Verschlungen von der Kontemplation eines Blattes, einer Unregelmäßigkeit im Gewebe eines Stoffes, eines Kerns oder eines Wollfussels, taucht es aus seinen langen Geistesabwesenheiten wunderlich gestärkt wieder auf. Es ist der Hund, mit dem es spielt, die Rinde, die es vom Stamm bricht, der Krümel, den es unter dem Tisch aufliest, die Kruste seines blaugehauenen Knies und... die Fliege an der Fensterscheibe.

Das ist der Grund, weshalb jedes Sinneserlebnis, das man in der frühen Kindheit gehabt hatte – ein Geruch, eine Stoffmaserung, der Bittergeschmack einer Frucht –, uns so tief anrührt, wenn der Zufall überraschend ein Bruchstück davon wieder zu uns herweht. Nichts mehr um uns herum hat – wenn wir nicht achtgeben – späterhin jene eindringliche Nähe und Gegenwart, die wir damals bei seinem Erleben empfanden. Aber das kleine Kind ist niemals »Voyeur«: Sein Blick federt ab und schwingt offen zu ihm zurück. Die bewohnte, belebte Welt blickt es ihrerseits an. Alles ist Gegenseitigkeit – Austausch. Das Wasser, der Wind, der Morast, der Schnee; was immer es berührt, knetet oder streichelt, das berührt, knetet oder streichelt es wieder.

Die Wirklichkeit ist ungemein intensiv. Ganz vernarrt ist das Kind in sie. Es trinkt sie, kaut sie, beißt sie, schlägt sie, leckt an ihr, riecht an ihr, hält sie ans Ohr – und läßt sich in ihr versinken.

»Er träumt wieder einmal, er schwebt in den Wolken«, sagt der Durchschnittserwachsene von dem Fratz, den er mitten im Herzen der Dinge sitzen sieht. Dieses glühend nahe Da-Sein auf der Welt kann ihm nur suspekt vorkommen: Ein ordentlicher Staatsbürger findet es überhaupt nicht koscher, wenn sein Junges sich so hautnah mit der Schöpfung verbandelt.

✳

Unsere beklagenswerte Haltung, die Geschichte der Menschheit als einen Sieg über die Natur – und nicht als ein Zusammengehen von zwei gleichwürdigen Intelligenzen – zu betrachten, führt unsere Zivilisation in die Katastrophe. Genau diese Haltung ist es auch, die uns den Kindern gegenüber so unbarmherzig werden läßt.

Indem wir sie auf Geleise zwingen, die ihnen widerstreben, machen wir sie zu unseren Opfern – aber zugleich auch zu unseren Quälgeistern; denn Gott sei Dank ist der Widerstand, den sie ihrer Unterwerfung entgegensetzen, wild und verbissen.

Die Äußerungen, die gemeinhin über kleine Kinder fallen, sind mindestens genauso abstoßend wie diejenigen, die den »Primitiven« gelten.

Der Grund dafür ist klar.

Die frühe Kindheit ist eine Enklave der Wildnis innerhalb unseres domestizierten Lebens. In ähnlicher Weise, wie die letzten Bastionen der ahistorischen oder noch traditionsverbundenen Gesellschaften, die sich nicht auf die merkantilen und staatsorientierten Ideale reduzieren lassen, zur Zielscheibe unseres zivilisatorischen und zerstörerischen Furors werden, ist das Territorium der frühen Kindheit einer gnadenlosen Plünderung ausgesetzt. Unter dem Deckmantel der Fürsorge hat unsere soziale und industrielle Ordnung nichts anderes als ihre Ausrottung im Sinn.

Denn nur die Lebewesen, die die geologische Talsenke der Kindheit nicht kennengelernt haben, werden am Ende zu dem, was wunschgemäß aus ihnen werden soll: Empfänger für gesendete Funksignale, kodierte Abwesenheiten – schlicht: Unwesen.

✳

Trotzdem möchte ich mich nach den wunderlichen Bruchstücken und kuriosen Trümmern orientieren, die mir noch aus der Vergangenheit vor den Augen schweben. Wie gerufen erinnere ich mich plötzlich wieder an die *saltimbanques*, die Gaukler, die in Marseille auf der Place de la Bourse ihre Kunststücke vollführten, wenn meine Schwester und ich als Kinder vom Lycée Montgrand nach Hause gingen. Münze für Münze wurden wir um die vierzig Francs erleichtert, die eigentlich für ein Stück Baguette mit *pâté* bestimmt waren. Fand ich ihre »weichen Landungen«, die Art, wie sie wieder sicher auf die Füße fielen, ihre geschmeidigen und balancierenden Rückkehren auf den Boden in jenem Bruchteil einer Sekunde, wo die Espadrille mit einem trockenen »klack« wieder auf das Trottoir zurückfand, nicht noch viel faszinierender als ihre waghalsigen Purzelbäume und gefährlichen Sprünge auf dem nackten Asphalt?

Den Salto-mortale-Akten der Kassandras setze ich auch heute noch mit klopfendem Herzen die »weichen Landungen« entgegen.

Was ich unter dem Schutt des Vergangenen ins Heute herüberretten möchte, ist der unzertrümmerbare Kern der Kindheit.

✳

Wenn es eine Sprache gibt, in der man für dieses Lebensalter die richtigen Worte finden kann – abgesehen von der des Dichters und des Propheten natürlich –, dann ist es mit Sicherheit nicht die der normativen Psychologie. Wann immer ich ihre Untersuchungen las, hat mich nie auch nur im entferntesten der Gedanke gestreift, sie könnten tatsächlich etwas mit der Kindheit zu tun haben.

Nicht so bei den Mythologen oder Religionshistorikern. Oft stelle ich bei Mircea Eliade, James George Frazer oder Marcel Mauss plötzlich mit Erstaunen fest: Diese

Bräuche und Riten, diese Initiationen, diese religiösen Praktiken erkenne ich wieder.

Der heilige Bezirk der Kamiloroi- oder Yuin-Stämme, der indo-tibetische Tschoed, die Isis-Mysterien, der Kunapipi-Kult, die Ekstase-Flüge der yakutischen Schamanen[5] – all das ist mir bereits so vertraut. Bin ich etwa nicht dieses Sammelgefäß für das Gedächtnis der Menschheit gewesen – nämlich ein Kind?

Aus dem gesamten Schatz, der durch die Erfahrung und das Wissen seiner Spezies in seinem Gehirn zusammengetragen wurde, aus dem gesamten Netz verfügbarer Denkbilder kann das Menschenjunge sogar mühelos Gegebenheiten und Wahrnehmungen auftauchen lassen, für die die Außenwelt ihm keine sichtbare Unterstützung bietet. Das Krokodil, das unter dem Bett hervortaucht und ihm einen Schrecken einjagt, den Schutzgeist, der es auf allen seinen Wegen begleitet und der auf Wunsch in seine Tasche schlüpft, sieht es genauso klar und deutlich wie noch einen Augenblick zuvor die Trambahn, die vor seinem Fenster vorüberfuhr. Einzig und allein das mißbilligende Kopfschütteln seitens seiner Umgebung lehrt es, einen Teil der Informationen, die es aufliest, zu zensieren und dann definitiv von sich zu weisen.

Aber die Überfülle der Schöpfung und jene Fähigkeit, nach Belieben das Wirkliche und alles mögliche wahrzunehmen, würden das Kind schon bald in die Schlingen eines unentwirrbaren Durcheinanders verfangen, wenn es nicht die höchste Gabe hätte, darin eine Ordnung zu schaffen. In der endlosen Weite, von der es umgeben ist, setzt es instinktiv seine Orientierungspunkte: es weiht einen bestimmten Raum, löst aus dem Formlosen eine bewohnbare Enklave heraus und vollzieht, indem es dies tut, erneut die

Ur-Handlung – die ur-erste religiöse Erfahrung jeder menschlichen Gesellschaft. Es gründet eine Welt, um darin leben zu können.

Ähnlich wie der heilige Pfahl der Achilpas, der die Welt »stützt«, kann die Achse, die es setzt, sein Zuhause, sein Zimmer oder sein Bett sein. Von dieser Mitte ausgehend wird anschließend ein ganzes System von befestigten, möglichen oder betretbaren Orten sowie verbotenen Bereichen und fluchbeladenen Zonen angeordnet.

Das Kind erfindet sich seine eigene Kosmogonie.

Und das Erstaunliche dabei ist, daß es dies überall zuwege bringt – sei es auch an den scheinbar sterilsten Orten. Selbst dort, wo die Elemente verhöhnt und gedemütigt werden, dort, wo das einzige Wasser, das es kennt, das verchlorte aus dem Wasserhahn, die einzige Erde die krustige aus dem Azaleen-Topf, das einzige Holz die acryllackierte Hartfaserplatte ist, vermag das Kind noch seine Zwiesprache mit der Schöpfung zu beginnen, seine Bünde mit ihr zu schließen.

Ich möchte hier nur einmal als Beispiel meine Kindheit in einem Viertel heranziehen, das – so kommt es mir heute vor – für den Beginn eines Lebens so wenig geeignet ist wie ein Eimer Mörtel für die Flossenschläge eines Goldfischs.

In der Rue de la République, Nr. 108, Richtung neuer und alter Hafen gelegen, in einer Umgebung, in der niemals ein Baum wuchs, wo der Lärm mit dem Staub wetteiferte, richtete sich das Kind, das ich damals war, einen so vielschichtigen und vollkommenen Kosmos ein, daß ich heute noch ins Staunen gerate und außerstande bin, ihn bis ins letzte auszuloten.

Es sei mir gestattet, hier einmal – als Paradigma für die frühe Kindheit – seine magische Topographie zu skizzieren.

＊

Unser Kinderzimmer blickt auf einen riesigen hellen Hof –
den eines ganzen Häuserblocks – hinaus, zu dem es keinen
Zutritt gibt und der von einem Ende zum anderen mit den
Glasdächern von Garagen und Schuppen garniert ist. Gelegentlich huscht zwischen dem Glas und dem Gitter, das
es gegen Wurfgeschosse schützt, eine Ratte dahin. Die
Erwachsenen aus dem Haus werden böse, wenn wir Kinder das Vorüberhuschen einer Ratte melden; schließlich
hatten sie bereits die kostspieligen, aufwendigen Dienste
eines »Entrattungs«-Unternehmens in Anspruch genommen. Offiziell sind die Ratten, die wir sehen, also tot, und
das macht ihr heimliches Vorhandensein um so spannen-
der.

Wir wohnen sehr hoch oben, im vierten Stock – und
wenn ich aus dieser Höhe aus dem Fenster fallen würde,
wäre ich, wenn ich unten ankäme, nur noch ein Fettfleck,
hat meine Schwester zu mir gesagt.

(Ich wäre nicht abgeneigt gewesen, diese sonderbare
Transmutation an Ginette auszuprobieren, die mich während
der seltenen Male, als ich in den Kindergarten ging, immer
an den Haaren zog.)

Dieser riesige Innenhof ist kreuz und quer durchzogen
von einem ganzen Netz von Linien, sichtbaren und unsichtbaren – Wäscheleinen und Flugbahnen ausgetausch-
ter Rufe von Fenster zu Fenster (»Lulu, kommst du?
Wird's bald? Hoffentlich heute noch, ja!?« – die verschiedensten Informationen – seltener Flüche).

Am anderen Ende der Wohnung öffnet sich die Reihe
der Fenster ebenfalls nach dem Leben hinaus – aber diesmal weicht der intime und klanhafte Charakter einer öf-
fentlichen und aggressiven Atmosphäre: der Straße und
ihrem entfesselten Treiben. Die auch tagsüber geschlosse-

47

nen Fensterläden, die das Gelärme dämpfen, lassen dennoch sein ausgelassenes Staccato hereindringen. Schlägt man sie auf, so zeigt sich vor einem die Stadt mit ihrer Flut von Leben, deren unermüdliches Gewühl einem unbekannten Delta entgegenströmt. Manchmal erkenne ich eine bekannte Gestalt heraus: eine ungeduldige Nachbarin, die, um die Straße zu überqueren, mit ihrem Einkaufskorb nach allen Himmelsrichtungen fuchtelt; einen Kaufmann, der seine Steigen auf das Trottoir schichtet, oder – wie wunderbar! – meinen Vater, der mit seiner »Rosalie«, jenem Citroen aus meiner Kindheit, auf unserer Uferseite vor dem Haus anlegt! Als er von Bord geht, erhellt für mich seine lange, schlanke, mit einem beigen Filz behutete Gestalt für einen Moment die Straße! Manchmal dagegen entwickelt sich ein Drama: Aufjaulen von Bremsen, die Sirenen der Funkstreife, das Schlagen der Türen eines Notarztwagens, die hinter einem gliederverrenkten Körper geschlossen werden, den sein plötzliches Unglück vom anonymen Passanten, der er gerade noch war, in einen Menschen mit Schicksal verwandelt – also in einen Freund. Manchmal streift sogar ein Schußwechsel, in unmittelbarer Nähe der Bar – von der es heißt, sie gehöre den Guerinis, und aus der schwankend die Seeleute herausgetorkelt kommen –, die ganze Straße wie ein Katzenfell gegen den Strich.

Zusätzlich zu diesen beiden Fensterfronten zum Tageslicht hin hat die Wohnung auch noch Ausblick auf zwei kleine Innenhöfe, in denen ewige Nacht herrscht. Der eine, schmal wie ein rußverschmutzter Kamin, ist der hinter dem WC gelegene, der das Treppenhaus – dem ich mich gleich noch zuwenden werde – so düster macht.

Der Gedanke, einen Blick dort hinein zu werfen, bedeutet nicht einmal so sehr die Verletzung eines Tabus, sondern er ist vielmehr überhaupt ein Ding der Unmöglichkeit. Der Beweis: Noch fünfunddreißig Jahre später habe ich Hemmungen, diese Dinge beim Namen zu nennen.

Der andere, kaum ein wenig größere, in den ich mich nur ein einziges Mal hinunterbeuge, als gerade das Badezimmer installiert wird, ist abgrundtief wie ein Brunnen, schwarz und pelzig überzogen; der Luftzug sträubt diese Beschichtung über die gesamte Mauerhöhe wie ein Fell. Nach jenem ersten Blick kommt es für mich nicht mehr in Frage, noch jemals dort hinunterzuspähen, denn im selben Augenblick weiß ich, daß er behaust ist – eine Frau, Mutter eines Kindes, hat sich ganz in der Nähe von hier, in der Rue Plumier, das Leben genommen und sich auf den Grund dieses Höhlenschachtes geflüchtet, in dem sie seither zusammengekrümmt kauert.

Nur ich allein trage die Bürde dieses makabren und schwierigen Geheimnisses. Ich glaube zu begreifen, daß bereits die mindeste Indiskretion mich das Leben kosten würde. (»Dies ist dein Bund mit Vajra«, sagt der Meister zum tantrischen Eingeweihten. »Wenn du auch nur zu einem Menschen, wer immer es sei, davon sprichst, zerbirst dein Kopf in tausend Stücke.«)

Ähnliche »Geheimnisse«, in die ich nicht eigens bat eingeweiht zu werden, regnen während meiner ganzen Kindheit immer wieder überraschend auf mich nieder wie Münzen in die Fontana di Trevi. Ich bin umgeben von Geistern und Dämonen. So schrecklich sie sind, haben sie doch auch die Funktion, meine Seele wie in einem Tauchbad zu härten. Indem ich den Wagemut finde, mit ihnen zu leben, ihnen Tag für Tag mit Achtung zu begegnen, werde ich stärker.

Die Wohnung hat ihre tageslichten Öffnungen (ihre Augen und ihren Mund) und ihre nachtdunklen Löcher (ihre Schließmuskeln). Sie ist ein lebendiger Leib, welcher ißt, verdaut und aussscheidet.[6]

Ihre genitalste und heimlichste Höhle ist die Abstell-
kammer. Darin befindet sich das Reich der glückseligen
Gewänder, die verliebt die aufgeprägte Geruchsmarke der
Körper hüten, die sie bekleiden. Zwischen den Kleidern
versteckt, umhülle ich mir den Kopf mit einem seidenen
Morgenmantel und lutsche an seinen winzigen Kristall-
knöpfen. Die unzähligen weißen Oberhemden meines Vaters, die er dreimal am Tag wechselt, leuchten in dem
Dunkel wie aufgestapeltes Porzellan. Die schwarzen, bei-
derseits mit einem Gummisaum schließenden Baum-
wollmanschetten, mit denen er an seinem Zeichentisch
sitzend seine Unterarme schützt, sind für mich Zauberta-
schen zu vielfältigster Verwendung.

✳

Diese Reise durch die Wohnung nähme kein Ende, wenn
ich mich nicht gewaltsam zur Ordnung riefe, denn die
Erforschung des gesamten Universums, dessen winziges
Abbild sie darstellt, ist ja per definitionem ein endloses
Unterfangen. Einerseits ein Mikrokosmos der Welt, offenbart sie sich andererseits wieder als die ganze Welt, sobald
man darangeht, die vielfältigsten Einheiten zu betrachten,
aus denen sie zusammengesetzt ist.

Ich möchte nur noch die *mallons*, schlichte Kacheln aus
gebranntem Ton, mit ihrer zerklüfteten Landschaft in unserer Küche erwähnen: Risse, Sprünge, Brüche, weitgedehnte Ebenen in unterschiedlichen Tönungen, die von
Ochsenblut bis zu Nuancen von altem Leder variieren und
eine ganze reichgestufte Geologie aufschichten. Wozu da
erst sprachlos staunend in den Krater des Ätna starren,
wenn man das Gefühl, schwindlig zu werden, kennenlernen möchte! Eine in einem Spalt verschwundene Küchen-
schabe eröffnet abgrundtiefe Einblicke in eine unterirdi-
sche Welt, die den Blicken verborgen ist. Als ich später in

Tokio ein Tokio unterhalb der Stadt entdecke – ganze Viertel von Läden, Buden und Gassen, zu denen kein Hinweisschild führt und in die man nur durch einen zufällig betretenen Gebäudedurchgang hineingelangt –, vermittelt mir dies wieder eine Faszination ähnlicher Art. Das unendlich Kleine tut seine eschatologischen Abgründe auf, vergleichbar denjenigen, in die sich die Mutter des Buddha gestürzt findet, als sie sieht, wie sich ihr vierjähriger Sohn eine Handvoll Erde in den Mund stopft. Sie befiehlt ihm, sie sofort wieder auszuspucken, und beutelt ihn am Kopf. Und in dem Moment, wo ihre Hand die Zähne des Kindes auseinanderzwingt, entdeckt sie darin mit einem Mal zwischen zwei Bergesketten eine ganze weitgedehnte Landschaft mit ihren Seen, Feldern und Wäldern.

✳

In jeder Kosmogonie ordnet sich die Welt ausgehend von einem winzigen Zentrum, dem Kern des Rig Veda oder dem Nabel in der jüdischen Tradition: »So wie der Embryo vom Nabel aus wächst, begann Gott vom Nabel aus die Welt zu erschaffen und von dort erstreckte sie sich nach allen Richtungen.«

Auf diese Art entfaltet sich auch vom *mallon* zur Küche, von der Küche zur Wohnung, von der Wohnung zum Haus, vom Haus zum Häuserblock, vom Häuserblock zum Stadtviertel, vom Stadtviertel zur Stadt das Bild einer Welt – ein Weltbild.

Indem es für sich selbst die exemplarischen Gesten wiederholt, heiligt das Kind erneut das Universum.

✳

Wenn ich nun die Wohnung verlasse und mich dem ganzen Hausgebäude zuwende, muß ich unweigerlich zumindest an die Tempel von Babylon denken – *Dur-an-ki*, »Band zwischen Himmel und Erde«. Denn alles bis ins kleinste Detail ist darin durchdrungen von Bedeutung.

Den Eingang des Hauses flankieren zwei »Hüter der Schwelle« – zwei Geschäfte: rechter Hand die Fischhandlung, linker Hand die Metzgerei.

Erstere, geführt von zwei Frauen, Mutter und Tochter, strömt Dünste nach Algen aus.

Hier herrscht der *odor di femina* – genau jener durchdringende Geruch, der die Sinne der keltischen Seefahrer verwirrte, wenn sie die Gerüche aus dem Eingang der Höhlen an der bretonischen Küste witterten. Eine prickelnde, jodscharfe Sinnlichkeit, stromgeladen vor elektrisiertem Zucken und Zittern, nimmt einen dort in Empfang. Unter den Schuppmessern springen Funkengarben silbriger Späne ab. Die zierlichen Hände hantieren, ganz glänzend, zwischen den Schollen und Seezungen, schichten die Drachenköpfe auf, tranchieren den unter seiner stahlblauen Haut geröteten Thunfisch oder halten einem spaßeshalber kleine Crevetten unter die Nase.

Das Pendant zur durchnäßten Weiße der Fischhandlung bilden die speckigen und geblähten Rottöne der Metzgerei. Der bauchreiche Patron teilt zur Begrüßung schwere Rosenkränze aus Blutwurst auseinander – und auf seinen breiten Händen, die purpurn geädert sind wie der falsche Marmor seines Ladentischs, sprießen die Borsten. Einmal wollen diese Finger mir lieb-gemeint eine Scheibe Mortadella, so groß wie eine *crêpe* und schlaff wie ein eingerotztes Schneuztuch, zwischen die Zähne schieben. Ich mache einen Satz zurück und schlage mit dem Kopf gegen den Hackklotz. Ich weine. Trotz des erfinderischen Bemühens der Fleischhauerkunst, ihren Rohstoff – das tote Fleisch – in für das Auge gefällige und zivilisierte Derivate zu verwandeln, wittere ich die Bluteimer, die der Lehrling in den

Hinterraum schleppt und deren ungeschicktes Über-
schwappen die Sägemehlstreu tränkt.

Auf diese Weise findet sich der Eingang eingerahmt von
zwei Prinzipien: dem Meer und dem Blut. Darinnen
herrscht Dunkel, und die Finsternis wird um so dichter, je
tiefer man vordringt. Unter dem Treppenhaus verwehrt
ein Vorhängeschloß den Zutritt zum Keller, in dem in
einem larvenhaftem Magma das noch Unerschaffene
kocht.

Nie bin ich dorthinab vorgedrungen. Das Treppenge-
länder, das Tag für Tag von meiner bangen Hand poliert
wird, ist mein Ariadnefaden für den Aufstieg. Auf der
ersten Etage herrscht tintenschwarze Nacht. Dort wohnt,
versorgt von ihrer Nichte, eine betagte Demoiselle. »Sie ist
sehr müde«, wird in der Umgebung getuschelt. (Dieser
sibyllinisch-dunkle Satz bedeutet, mit bedächtigem Nach-
druck ausgesprochen, in Marseille, daß für die so bezeich-
nete Person der Tod unmittelbar bevorsteht.) Die uns
Kindern erteilte Anweisung, beim Vorübergehen an Mademoiselle Guidolis Tür keinen Lärm zu machen, erweist
sich als überflüssig. Von den Äthergerüchen, die dort im
Gang schweben, dreht sich uns ohnehin schier der Magen
um. Wir berühren kaum den Boden, so schleunig huschen
wir vorüber.

Aber das Schrecklichste liegt noch vor uns.

Eine zerbrochene Scheibe im Fenster nach dem dunkel
verwunschenen Hof macht den Aufstieg zu dieser zweiten
Etage zur schlimmsten Prüfung. Das unnennbare *Anwe-
sende*, das mir, wenn ich vorübergehe, seinen Atem in den
Nacken haucht, erfüllt mich mit Entsetzen. Ich bemerke
jedoch, daß eine Unbekümmertheit von meiner Seite es
entwaffnet und daß meine Feigheit es bestärkt. An dem
Tage, als ich in kopfloser Angst, da ich mir auf der Straße
die Nase blutig geschlagen hatte, zur Treppe hinaufsteige,

erdreistet es sich sogar soweit, mich zu berühren. Die Kraft des Geistes ist gegen dieses Wesen meine einzige Waffe – und ich weiß es.

Manchmal, wenn ich der robusten und herzlichen Anwesenheit meiner Mutter in der nahen Küche sicher bin, schlüpfe ich unter den Tisch oder in die kleine Nische, die der Alkovenwinkel meines Bettes mit der Wand bildet. Dort setze ich mich dann mit geschlossenen Augen in Position und spanne meine ganze Willenskraft an, um mir das Schreckgespenst vorzustellen. Und es gelingt mir auch. Ich wage, es erscheinen zu lassen – und sein Anblick ist so entsetzlich, daß er mich lähmt. Einmal sogar habe ich davon noch mehrere Stunden lang blutunterlaufene Augen. Sein Körper hat die milchige Undurchsichtigkeit eines riesigen Rotzes und seine transparenten Organe sind wie zusammengekauerte Föten, die an dem grünlichen Blut saugen, das in den Adern pulst. Auf seinem Kopf fährt in Abständen ruckartig eine fingerspreizende Hand heraus wie der Hilferuf eines bis zum Hals im Schlamm steckenden Ertrinkenden. Die Kraft, die ich in mir finde, um diesem Anblick standzuhalten – an mindestens drei solcher Szenen kann ich mich ganz genau erinnern – kommt mir heute beispielhaft vor, denn die eidetischen Bilder[7], die das Kind hervorzurufen vermag und die der normale Erwachsene nicht mehr die Fähigkeit hat, entstehen zu lassen, haben in ihrer halluzinatorisch scharfen Deutlichkeit den Charakter einer absoluten Realität. Während ich, durch nichts als das magische Gedächtnis meiner Spezies geleitet, jenes Wesen hervorrufe, erlebe ich ein Initiationsritual, das sich mit denen des alten Schamanismus der sibirischen Stämme und der Eskimos oder des indo-tibetischen Tschoed vergleichen läßt, worin der Einzuweihende sich seiner schrecklichen Vision aussetzt, die er kraft seiner Imagination »pro-voziert« und der er allein mit Hilfe seiner Geisteskraft standzuhalten vermag. Das Risiko, das er dabei eingeht, ist der Wahnsinn; der Lohn ist seine Wiedergeburt und mit der Entdeckung seiner ihm innewohnenden Kraft zugleich die Entdeckung der anderen Seite der Welt.

Solchen Praktiken schreibe ich ebensosehr die Lust, verrücktzuspielen, die mein ganzes Leben in Erregung hält, wie auch eine gewisse Kühnheit zu, die sonderbar mit meiner alltäglichen Vorsicht (oder gar Feigheit) kontrastiert und die mich, wenn auch nur in außergewöhnlichen Situationen, in einen anderen Menschen verwandeln kann. Daß ich in einer brasilianischen Bar einmal mir zwei völlig Unbekannte voneinander trennte, die gerade dabei waren, sich mit Messerstichen zu zerfleischen, wäre ein Beispiel für solche Handlungen (es steht mir absolut fern, mich mit ihnen brüsten zu wollen; im Gegenteil, ich fiele aus allen Wolken, wenn man mich dafür auch noch loben würde), die mir in dem Moment, wo ich in sie verwickelt bin, relativ wenig gefährlich vorkommen im Vergleich zu dem, was ich in einer ganz anderen Art Wirklichkeit diesbezüglich schon erleben konnte.

In dieser zweiten Etage, auf die wir nun wieder zurückkommen, ist das undurchdringliche Dunkel von nun an besiegt. Die Treppenabsätze werden zunehmend heller. Auf der Tür des vierten Stocks ist ein Messingschild – »François Singer, Architekt« – zu erkennen, auf dem meine noch analphabetischen Augen in der Abfolge der vertrauten Zeichen genüßlich das vollkommene Ideogramm der Wiederkehr in sich aufnehmen.

Die drei Etagen über uns – ziellos steigen wir manchmal rein aus Spaß hinauf – gehören einer anderen Ordnung an: der des »Lichts«, das spärlich durch ein kleines Glasviereck hereinsickert, auf das die Tauben die Dreizacke ihrer Trippelspuren setzen.

Bliebe die Mieterin von der obersten Etage unerwähnt, so hieße dies, unsere theophanische Expedition ihrer Krone zu berauben. Mademoiselle Plutardo ist Musiklehrerin. Und wie die zurückfallenden Tropfen einer aufschießenden Fontäne, die ihren höchsten Punkt erreicht hat, regnet zuweilen die hagelkörnige Frische ihrer flinken Arpeggien bis zu uns nieder. Mit dem Gurren der gefiederten Venusbotinnen unter der Tempelkuppel ist, so muß ich zugeben, unsere Auffahrt in lichte Höhen beendet.

✳

Das Kind läßt seine magischen Handlungen mit der Mythologisierung des Raumes keineswegs bewenden. Es erfaßt das ganze Leben in religiösen Entitäten. Seine Sicht von den Dingen ist ganzheitlich. Selbst das, was es später lernen wird zu leugnen und in die Negativität zu verbannen, erscheint ihm in dieser Zeit noch gleichrangig bedeutungsvoll. Es erreicht sofort die Weltsicht, zu der der *sadhu* erst am Ende seines suchenden Weges gelangt: Alles – ob Gebrechen, Krankheit, Wahnsinn oder Tod – hat für das Kind seinen Platz in der Fülle der Schöpfung. Bevor man ihm ihn einprägt, kennt das Kind nicht einmal den Ekel – alles ist ihm ein Gegenstand der Beobachtung: Exkremente, unsauberer Abfall, Aas. (Erwog Fourier nicht, in seinen *phalanstères* die kleinen Kinder mit der Straßenreinigung, Müllabfuhr und Schlangenjagd zu betrauen?)

Wie für den Hund – und für den Eingeweihten – unterscheiden sich Kot und Brot, Faules und Fleisch durch nichts weiter als Nuancen in Konsistenz, Geschmack und Geruch – und in keinem Falle durch Kriterien der Moral.

Genauso steht es mit allem, was unsere manichäische Konditionierung ablehnt und bekämpft, wie es gerade kommt – Mißgestalt, Krankheit, Wahnsinn, Verfall, Häßlichkeit oder ethnische und rassische Unterschiede –, und was das Kind instinktiv mit der gleichen seelenruhigen und aufmerksamen Ungezwungenheit wie alles andere hinnimmt. Wenn eine Mutter sich wegen des beharrlichen Blicks geniert, mit dem ihr Kind einen Behinderten im Bus anstarrt, und es zurechtweist und zwingt, seinen Blick abzuwenden, bringt sie ihm bei, das, was der Norm widerspricht, zu ignorieren und zu übersehen – und genau dadurch später das Aussondern und Einsperren von all denen gutzuheißen, die nicht die banalen Merkmale der erforderten Durchschnittlichkeit aufweisen.

Der einzig genehmigte Blick, der des Mitleids, wird das Bündnis brechen, denn der erste Blick setzte das Kind mit dem Behinderten gleich, bot ihm die Möglichkeit eines momentanen Tausches. Einen Augenblick lang übernahm er dessen Körper und schenkte ihm dafür den seinen. Von allen unbemerkt und ohne viele Worte wurde ein flüchtiges Mysterium gefeiert. Künftig rückt an die Stelle der Begegnung und des Tausches der Knüppel des Mitleids.

Ebenso steht es mit dem Wahnsinn, der Geisteskrankheit und ihren vielfältigen Verkörperungen. Wenn ich mir das Leben von Toni, dem »fada« unseres Dorfes, betrachte – man gestatte mir, dieses Wort der provençalischen Mundart einmal der Rauheit des mitteleuropäischen Klimas auszusetzen, wo es soviel wie »Dorfdepp« hieße –, lerne ich eine Menge Dinge zu diesem Thema. Fast jeden Tag finde ich ihn vor der Schule, wo er bei egal welchem Wetter geduldig wartet, bis der Unterricht zu Ende ist. Mit acht Jahren hat ihm eine Meningitis sein Gehirn umdunkelt. Seit einem halben Jahrhundert belebt er die Landstraßen der Gegend mit seiner anrührenden, stets emsig beschäftigten, mit einer Schlapplederkappe behüteten und in einer Hose, die ein Paar antiker Hosenträger auf Brusthöhe festhalten, wie schwimmend wirkenden Gestalt. Er sucht die Gesellschaft der Kinder wie sie die seine; und die

Unkompliziertheit ihrer Beziehungen wird kaum beeinträchtigt durch ein gelegentliches Umrempeln oder Hänseln, dem er mit einer aufscheuchenden Handbewegung und einem dumpfen Gebrumm ein Ende setzt. Und wenn ich ihn mir so betrachte, muß ich an die Tausenden von seinesgleichen denken, die der Kinder und der Begegnungen dieser Art beraubt und in jene Eispaläste eingesperrt sind, wo sie in ihren Mitgefangenen lediglich dem alptraumhaften verfielfältigten Spiegelbild ihres eigenen Elends begegnen.

✳

Auch dem Tod gegenüber zeigt das Kind die gleiche Vertrautheit, derer sich die Flöhe auf dem Körper des Königs erfreuen.

Aber ich bitte Sie, wird man mir nun einwenden, da täuschen Sie sich. Dieses Idyll währt doch nur kurze Zeit! Mit etwa vier Jahren, in dem Alter, wo es sich seines Ichs bewußt wird, entdeckt das Kind gleichzeitig die Bedrohung durch den Tod, die auf ihm lastet, und bekommt Angst. Diese heuchlerische Vermengung der Ursachen und Wirkungen muß ich bewundern! Hat es den wirklich Angst vor seinem Tod oder nicht vielmehr vor dem Abgrund, in dem es ihn verschwinden sieht: Angst vor dem Abgrund der kollektiven Angeekeltheit, Empörung, Tabuisierung und Verdrängung?

Kaum verstorben, wird der, der noch einen Augenblick zuvor ein achtbarer Mensch war, nun als armer Toter wie ein Bandit aufgefordert, gefälligst zu verschwinden. Noch nicht erkaltet, wird er bereits vom Abdecker abgeholt. Keine Totenwachen, kein Abschied. Die einzige Schilderung, die von Mund zu Mund fliegen wird, ist der pseudomedizinische Krankenbericht der physischen Dysfunktionen, der biologischen Pannen, die ihn das Leben gekostet haben. Von nichts anderem als von Transfusionen und Nierenversagen wird die Rede sein. Eine völlig pervertierte, profanisierende und häufig unfreiwillig komische Sprache zieht vor das große Ereignis des Todes den Vorhang eines Herzinfarkts, einer arteriellen Hypertonie oder eines – bedauerlicherweise zu spät entdeckten – erhöhten Cholesterinspiegels. Ganz gleich, wie alt er gewesen und wie voraussehbar dieses Ende seiner Geschichte gewesen sein mag, erregt er ein empörtes und bestürztes Erstaunen – »Wie konnte es nur dazu kommen?«

Genauso wie sich die Frage nach seinem Ursprung bei den Keimzellen erschöpft, schließt sich diejenige nach der letzten Bestimmung des Menschen über den Meßergebnissen einer Laboranalyse. In einer Welt, in der alles eine Erklärung, aber nichts einen Sinn hat – also in unserer alltäglichen Welt –, wen wundert es, wenn ein Kind es darin mit der Angst zu tun bekommt? Auf die Ahnungen, die in ihm wesen, auf die Geistesblitze, die es flüchtig erleuchten, erfolgt kein Echo von außen. Früher oder später wird es sie schließlich auf dem tiefsten Grund seiner Seele vergraben, wo sie noch nach hundert Jahren ruhen werden, sofern nichts sie wieder auferweckt hat. Was bleibt, sind Angst und Verbitterung.

Die Ängste und Schrecken zu bestreiten, die dieses Alter erschüttern, oder die Notwendigkeit, sie zu durchleben, liegt mir fern. Wollte man sie aber seiner Bewußtheit über diese ontologischen Wirklichkeit zuschreiben, die sein eigener Tod ist, so würde man das Kind verkennen. Es wurde gerade erst geboren, mit anderen Worten: es taucht gerade erst aus dem Tode auf. Es kennt ihn also besser als alle. Es weiß sich instinktiv in seiner Schuld und nicht als Geisel in seiner Hand: daß es nun am Leben ist, verdankt es nur ihm, wie es der Tag, daß er Tag ist, nur der Nacht, wie das Bittere, daß es bitter, nur dem Süßen, und die Stille, daß sie Stille ist, nur dem Lärm verdankt. (Man braucht nur einmal in den Berichten über die Sterbestunden von Kindern – die unser Gefühl so grausam erschüttern – nachzulesen, von welch gelassener Zuversicht sie beseelt sind.)

Seine Ängste und Schrecken werden von dem unendlich weiten Sternennebel des Unbekannten weit mehr genährt. Wer wird ihm die führende Hand reichen in einer Existenz, deren Abgründe es sieht: die Verlassenheit, die Gewalt, das Böse, das Elend, das Unsagbare und die Ablehnung? Gegen seine eigenen Dämonen kämpft es meistens selbst an – aber wer wird es gegen diejenigen wappnen, die es nicht selbst geschaffen hat?

✳

Als kleines Mädchen hatte meine Freundin Dagmar die Möglichkeit, in dem kleinen Weiler unweit von Prag, wo sie wohnte, die Aussegnungshalle der Gemeinde zu besuchen, die vor den Beerdigungen immer geöffnet war. An diesen Tagen war es müßig, sie zu fragen, wo sie sich wieder einmal aufgehalten hatte, denn dann war dies nie beim Versteckspielen oder Bockspringen. Was mich in den Schilderungen von ihren regelmäßigen Besuchen der dort aufgebahrten Unbekannten am meisten erstaunt, ist das völlige Fehlen jeglicher Morbidität und Krankhaftigkeit. Die Toten haben, so sagt sie, eine löbliche Eigenschaft: Sie lassen sich ruhig betrachten. Sie meint auch: Sie lassen sich berühren, und am schönsten zu berühren wären die Lippen und die Hände – man könne sich nicht von ihnen trennen. Sie glaubt, sich noch erinnern zu können, daß die einzigen Toten, die ihr Furcht eingeflößt hätten, Tote vom Hörensagen (die sogenannten »Verschollenen«) gewesen seien, die sie nicht mit eigenen Augen gesehen habe und von denen sie nicht habe Abschied nehmen können.

Die Morbidität ist eine Erfindung des Erwachsenen, der innerlich die Brücken zu seinem eigenen Tod abgebrochen hat. Für den Weisen und für das Kind haftet dem Tod nichts Makabres an. Wie der gedeckte Tisch, das gebrochene Brot, das frischbezogene Bett *ist* er einfach.

Diese ersten Verbundenheiten müssen wir wiederfinden. »Wenn ihr nicht werdet wie die Kinder, so werdet ihr nicht eingehen in das Himmelreich«, diese mahnenden Worte, die Jesus von Nazareth zu seinen Jüngern spricht, sind keineswegs ein liebergottsüßliches Lob niedlicher Unschuld. Sie sind vielmehr streng und unmißverständlich klar. Was der Mensch ganz zu Anbeginn gewesen ist, ohne es bewußt gewollt zu haben, ist auch das, was er durch stetiges Bemühen und strenge Überwindung am Ende wieder werden kann.

❋

Die schamanischen Fähigkeiten des ganz kleinen Kindes, das spontane Ritual, mit dem es sein Auf-der-Welt-Sein bereichert, sowie die Summe all der in ihrem Kern religiösen Handlungen, die es das gesamte Abenteuer seiner Spezies wieder-erleben lassen, wirken bis weit in die Zeit der Adoleszenz – seines reifenden Heranwachsens – hinein weiter. Die Kindheit, dessen Gebiet wir mit dem Einbruch der Sprache, ohne daß wir es bemerkten, betreten haben, ist umstrahlt von ihrem Licht – zumindest solange das verfrühte Einbrechen der Abstraktion und einer ganzen Maschinerie an Technik sie noch nicht verwüstet.

Jedes Ding hat seine Zeit, und die Zeit der Kindheit ist die der Verbundenheit mit der Welt, ihrer Erforschung und Er-fahrung durch die Sinne und die Phantasie. Später wird der Verstand seine kühnsten Bauwerke, seine feinmaschigsten Abstraktionssysteme auf diesem soliden Unterbau errichten. Wenn dieser fehlt, so entsteht das Drama der

Abhängigkeit, der fatalen Verhaftetheit mit vorgefertigten Systemen.

＊

Das Kind, Entdecker und Erforscher des Sichtbaren und Unsichtbaren, dazu geboren, mit seinen Träumen und seinen Fingern die Welt neu zu erfinden, wird heute zur Geisel einer zynischen Industrie.

Seine vielfältigen und lebendigen Fähigkeiten, die in dieser Altersphase in vollem Aufsprießen begriffen sind, durch ein ganzes Kaufhaussortiment von Prothesen zu ersetzen – angefangen vom Fernsehen bis zu der Inflation an elektronischem Unterhaltungsnippes –, ist ein Verbrechen, das das Strafgesetzbuch nicht vorauszusehen wußte.

Ein Erlaß, der die obligatorische Amputation eines gesunden Körperteils verordnete, würde erheblichen Aufruhr erregen – die tägliche Zerstörung der geistigen und intellektuellen Anlagen des Kindes, institutionalisiert durch die vorherrschenden Moral- und Lebensauffassungen, stößt dagegen auf Gleichgültigkeit. Sogar diejenigen, die sich über die kosmetisch verstümmelten Füße der Frauen im alten China empören, spannen mit eigenen Händen den Kopf ihrer Kinder in den mörderischen Schraubstock einer beschränktmachenden Technologie.

＊

Die Kindheit ist das Reich des Geschichtenerzählens. Ein Kind, das man der Geschichten beraubt, ist ein totes Kind.[8]

Mit acht Jahren ist Hussam ein Botenjunge bei einem Emailgeschirrhändler im Basar von Damaskus.

Mehrmals am Tage taucht er, mit einem Paket unter dem Arm, das er in irgendeinem Haus der Stadt abzuliefern hat, in die turbulente Verschachtelung der Gassen und Gäßchen.

Um ihn zu führen und zu tragen, hat er seine flinken Füße, die sich spielend über jedes Hindernis hinwegsetzen, um die dahockenden Händler und herumschnüffelnden Hunde einen Bogen machen, über die Kehrrichthaufen hüpfen, über das chaotische Straßenpflaster tänzeln und den Lastenträgern ausweichen, die sich unter einem genieteten Lederkoffer oder einem ganzen Turmgebäude von Couscous-Säcken krümmen. Er weiß den Versuchungen zu widerstehen, die ihn wie Flügel und Fühler eines Rieseninsekts umschwirren. Den Zuckerbäckern, all den süßklebrigen Leckereien, auf denen die brummenden Fliegen mit ihren hauchdünnen Beinen klebenbleiben, den *rahat loukoums* in Weiß und Rosa, den Fruchtgummikugeln, so zart und fest wie das Fleisch der Huris, den Minzebechern, die eine Alte auf einem an Schulterriemen getragenen Tablett feilbietet, halten seine Augen stand. Nie erliegt er der Verführung. Von den drei Dirhams, die er untertags verdient, darf nicht einer fehlen, wenn er am Abend heimkehrt zu seiner Mutter und seinen Brüdern.

Es gibt jedoch einen Ort, den er so bewußt und angestrengt zu meiden sucht, daß es in seinen Ohren dröhnt und seine Augen sich umnebeln.

Seine ganze Willenskraft konzentriert sich darauf, die Symptome dieser Verwirrung zu ignorieren. Nase, Mund und Hinterbacken zusammenkneifend, hart wie Stein am ganzen Leibe, eilt er hastig daran vorüber. Glücklich hat er den Spitzbogenspalt des Eingangs dorthin passiert. Er hat ihn hinter sich gebracht, er ist vor ihm sicher. Schon entfernt er sich – er hat in seinem Herzen die Kraft dazu gefunden. Der Stolz darauf gibt ihm den Atem wieder, den ihm die Angst geraubt hatte. Unter dem jähen Luftsog in seinen Lungen schießt ein Seufzer zu seinen Lippen hinauf. Sein Geist klärt sich, und erst da vollzieht sich ein unwahrscheinliches und außergewöhnliches Phänomen, von dem niemand auf Erden glauben würde, daß es ohne seine Zustimmung habe geschehen können. Der blaue Qualm der Pfeifen offenbart ihm, daß er sich mitten im Herzen der Höhle befindet, die er so sorgsam umgangen und so weit hinter sich gelassen hat. Schon vernimmt er, ohne sie noch deutlich verstehen zu können, die Worte des Erzählers, irgendwo aufgereiht in der schönsten Mitte des kostbaren Halsgeschmeides der Geschichte. Und kaum hat er eines erhascht – »Baum«, »Serail«, »Wesir«, oder irgendein beliebiges anderes –, da ist es um ihn geschehen. Ganz klein zusammengekauert in einem Winkel des Ladens, so leicht zu übersehen wie ein aus einer Tasche gefallenes Schneuztuch, seine Knie mit den Armen umfassend, hockt er da. Die Minuten und Stunden fliegen auf und davon. Er weiß nicht mehr den Namen seiner Mutter, noch den seiner Brüder, noch die Adresse, an die er die Emailwaren zu liefern hat. Die anderen um ihn herum saugen gedankenversunken am Rand der Gläser voll glühheißem Tee – er dagegen läßt sich trinken und schlucken in einem Zug. Bald schon wird er von seinem Herrn geprügelt oder fortgejagt werden. Aber in diesem Augenblick vermag niemand ihn abzulenken, oder sich auch nur mit drohender Gebärde und verschränkten Armen zwischen ihn und den Geschichtenerzähler zu schieben, denn der Alte mit dem Turban hockt im Innern seiner Pupille und die Stimme hat sich wie ein Einsiedlerkrebs in eine verlassene Meermuschelschale in den Gehörgang seines Ohrs eingenistet. Keine Klinge, nicht einmal die des Ibn Harouda, die imstande war, den Wind entzweizuhauen, wäre scharf genug, um sie zu trennen.

Während ich dreißig Jahre später Hussam, der heute Chemiker ist, diese Episode aus seiner Kindheit mit atemberaubter Stimme erzählen höre, wage ich es, mich zu fragen, ob all diese Jahre mit ihrem Gefolge verschiedenster Kriege, Exile, Lieben, Begegnungen und kultureller Anpassungen für ihn im Grunde nicht nur eine kurze Parenthese, ein unbequemer Traum waren zwischen der Stunde der Geschichtenerzählungen von Damaskus und derjenigen, in der er heute für mich den unversehrten Kern aus den Gesteinsschichten eines Menschenlebens löst.

Immer noch bewegt mich die Bemerkung, die er daran anschließt. Diejenigen, die um den Geschichtenerzähler herumhocken, sind nicht mehr dieselben, wenn die Geschichte zu Ende ist und sie aufstehen und sich entfernen. Die Geschichte entläßt ihre Zuhörer nie an dem Ort, an dem sie sie aufgegriffen hat – sondern an einer höher gelegenen oder weiter entfernten Stelle. Die Luft, die ihre Lungen füllt, wie auch der Rhythmus, in dem ihr Herz schlägt, sind nicht mehr gleich. Sie haben so viele Prüfungen, so viele begeisterte Momente, so viele Ängste und so viele zarte Gefühlsregungen durchlebt, daß alle verrußten Kamine in ihren Körpern nun gekehrt, alle verstopften Leitungen freigeblasen sind – in den geölten Schlössern singen die Schlüssel, die Tore fliegen auf und es kommt wieder Fluß in das Leben.

Eilends möchten sie zu ihren Frauen zurückkehren, sich mit ihren Feinden messen, die Übellaune ihrer Meister über sich ergehen lassen, sich ihren Ängsten stellen, von neuem ihre Hoffnungen ermessen – oder, wenn sich die Nacht herabgesenkt hat, zu ihren Häuptern die Sterne wiedersehen.

Sie sind neugeboren.

So frisch und neu wie die mit dem kräftigen Schlagholz der Wäscherinnen geplättete, dann ausgewrungene, geschleuderte, getrocknete und zum Schluß unter dem heißen Hin und Her der Bügeleisen geglättete Wäsche.

✳

Zwischen einem austrocknenden Rationalismus und der entfesselten Flut von unkontrollierten, zusammenhanglosen Bildern aus Gewalt und Geistlosigkeit gefangen, steht das heutige Kind vor der unlösbaren Aufgabe, aus alledem die verstreuten Bruchstücke seiner Identität zusammenzufügen. Der Mythos[9] ist die einzige Form des Denkens, die es ermöglicht, die Welt in ihrer Gesamtheit zu erfassen. Dort wo die Ratio das Banner des »*enten – eller*« von Kierkegaard, des »*entweder – oder*« der deutschen Philosophie und des »*ou bien-ou bien*« der französischen Geistesgrößen schwingt, läßt der Mythos eine herzhafte Salve von »*und dann noch dies und auch noch das und vielleicht jenes...*« los. Im Mythos ist alles gleichzeitig oder, genauer gesagt, nacheinander wahr. Eine Wahrheit verjagt nicht die andere. Sie vervollständigt sie, gleicht sie aus, gibt ihr Widerworte oder streckt ihr die Zunge raus – alles in einem. Genauso wie die großen Künstler der Renaissance zugleich Techniker und Alchimisten, Historiker und Mythologen, Wissenschaftler und Mystiker waren, nährt sich der Mythos von der Koexistenz der Prinzipien, die sich in unseren feigen Hirnen von heute ausschließen. Alles genießt dort Bürgerrecht und fügt sich zu weitgedehnten bewegten Fresken: Geburt und Tod, Sieg und Niederlage, Engherzigkeit und Großmut, Lachen und Tränen, Liebe und Haß, Verzweiflung und Jubel. Der Mythos ist tragisch und spaßig zugleich. Manchmal zieht er mit der rechten Hand die »Moral von der Geschicht'« und mit der linken Hand den Hebel der Falltür, durch die er sie verschwinden läßt. Er entlehnt sich aus dem Leben die Freiheit, sich zu widersprechen; was bei Sonnenschein wahr ist, ist es nicht bei Regen; was wahr ist, wenn du die Hand deines Freundes hältst, ist es nicht, wenn du deine Schritte alleine machst; und die Wahrheit deines Hungers ist nicht die deiner Sattheit. Was deine Katze von dir weiß, das weiß dein Pferd von dir auf andere Art, was deine Mutter von dir weiß, das weiß dein Vater nicht von dir – was dein Hut oder Turban von dir wissen, werden deine Schuhe oder die Steine auf dem Weg kaum ahnen – und die Hand, die diese Worte niederschreibt, ist nicht die, die streichelnd einen Körper berührt.

Der Mythos ist das Übungsfeld für die Gefühle, der Prüfstand für alle Bravourtaten und alle Stimmungslagen. Er ist für das Kind das, was der Nordwind für die Dohlen ist, die ich vor meinem Fenster beobachte. Bald ein zorniger, ohrfeigender Lehrer, der sie anbläst und auseinanderweht, bald ein spaßiger und unverzagter Spielgefährte, zuweilen auch ein unsichtbarer Träger, der es ihnen ermöglicht, bis an die Grenzen des Weltraums zu segeln – ohne einen Flügelschlag und in einer so völligen Hingabe, daß man meinen könnte, sie seien tot.

*

In seiner Gabe zum Geschichtenerzählen hat die Kindheit etwas Mediterranes und Orientalisches.

(Ist nicht möglicherweise der Rassismus, der das Kind, zuweilen auch den »Jugendlichen«, jeden auf seine Weise, unwiderruflich der seichten Wissenschaftlichkeit und den Imperativen von Materialismus und Leistung unterwirft, von der gleichen Natur wie derjenige, der nach der allgemein-üblichen Wertschätzung den Juden, den Araber, den Südländer und den Zigeuner trifft?)

Auf eine verschwiegenere Weise wird die Adoleszenz, wenn es für sie an der Zeit ist, wieder den Weg nach Norden einschlagen. Denn die verschiedenen Lebensalter sind auch eigenartige Herdenwanderungen durch den Raum der menschlichen Kulturen; ihre Zugrouten setzen sich, ganz wie diejenigen, denen die Wildgänse folgen, spielend über unsere Direktiven hinweg.

Wollen wir noch ein den Kindern eigenes Merkmal beobachten – nämlich das übermächtige Bedürfnis, sich mit ihresgleichen zu verbinden –, so müssen wir unsere Zelte in unserer Erinnerung stets nach Süden weiterrücken.

Obgleich als Nesthocker geboren wie die Amsel, wird das Kind schon bald wie das Rebhuhnküken zumindest sporadisch sein Nest verlassen. Ein Ereignis wird künftig bestimmend für sein Leben sein; die Begegnung mit den anderen Kindern, der Ruf der Horde – und sei diese auch nur auf ein einziges Mitglied beschränkt, etwa den Sohn der Hausmeisterin. Kaum hat es ihn entdeckt, ist es nicht mehr zu halten – das komplizierte Spiel von Anziehungen, Verbündungen und Vorlieben ist eröffnet. Von nun an hat es sein Tribunal und seine Wonnen, seine Qualen und seine Ekstasen, seine Komplizen und seine Scharfrichter gefunden. Ob sie ihm gegenüber milde oder grausam gesonnen ist, seine Generation wird es nun nicht mehr loslassen.

Auf die leidenschaftliche »Monogamie« der frühen Kindheit folgt die orthodoxe Verbundenheit mit dem Kollektiv. Auf die geschlossene Sicherheit der elterlichen Liebe folgen die erlesenen und zerreißenden Gefahren der Gruppe. Die häusliche Familienordnung zwingt es zwar weiterhin, zwei Leben führen zu müssen, aber zwei Reiche haben unter seiner Krone mühelos Platz, zumindest so lange, wie das eine dem anderen nicht den Krieg erklärt. In dieser Geheimgesellschaft, die ihre eigene Sprache, ihre magischen Formeln, ihre obszönen Witze, ihre eigene Sensibilität und ihre eigenen Gesetze hat, bewirkt ein regulierendes und maßregelndes Eindringen meist nur ein oberflächliches Wellenkräuseln.

Die hypnotische Anziehungskraft, die von der Bande ausgeht, ist nicht nur durch den Spaß am Spiel bedingt, sondern auch durch die feine Dosierung von Spaß und ernster Probe. Hier sind Kurse für Anfänger nicht vorgesehen. Alles fängt sofort mit dem Schwierigsten an. Die Mechanismen, die die Aufnahme oder Ablehnung des Neuankömmlings regeln, entziehen sich den Geländern der Logik. Die Entscheidungen und Argumente der Eltern können gegebenenfalls das Kind sogar dazu antreiben, ihnen entgegenzuhandeln; diejenigen der Gruppe, besonders dann, wenn sie undurchschaubar und willkürlich sind, dagegen fast nie, denn ihre Verbindlichkeit ist von ganz anderer Natur. Die Eltern des Kindes haben im großen und ganzen die Aufgabe, es zu beschützen, seine Altersgenossen hingegen die, es auf die Probe zu stellen. Fortan wird es für das Kind nie mehr etwas geben, was für sein Überleben ebenso wichtig ist, wie daß es sich gemeinsam mit seinen Gruppengefährten dem Eifer des Spiels hingibt. Ohne seinesgleichen, ohne die Dramen der Konfrontation, ohne die Wonnen des verschwörerischen Miteinanders kann das Kind nicht existieren. Das Spiel weiht es ein in das Wesen von Sieg und Niederlage; seine unvergleichliche Leichtigkeit wird nur durch seinen Ernst, das ungezwungene Glücksgefühl dabei wird nur durch die Möglichkeit seines katastrophalen Ausgangs aufgewogen.

Die spontanen Rituale, die in den Beziehungen zwischen Kindern aufkommen – vom gemeinsamen Geheimnis bis zur ohne Murren hingenommenen Hierarchie, von der Initiationsprobe bis zur Konfrontation mit der Angst, von der Trennung der Geschlechter bis zu ihrer Vereinigung unter festgelegten Bedingungen –, haben alle von den einfachsten bis zu den kompliziertesten ihre archaischen Vorbilder. In jeder Gruppe von Kindern schimmern noch die uralten Stammesgesetze durch.

Ich möchte nur ein Beispiel – bewußt ein extremes – anführen, das ihre Mechanismen anschaulich macht: In den ausgebombten deutschen Städten unmittelbar nach dem Krieg sind die Überlebenden damit beschäftigt, »die

69

Ärmel aufzukrempeln«, den Schutt wegzuräumen und wieder aufzubauen. Ohne Aufsicht gelassen, richten sich die Kinder ihren eigenen Lebensraum ein. Ein Freund erzählt mir, wie es ihm – als damals Fünfjährigem – gelingt, in eine Bande von älteren Gassenjungen aufgenommen zu werden. Ihre Einbrüche in halb eingestürzte Gebäude, in die man nur durch Kellerluken einsteigen kann, sind eine Herausforderung für die Phantasie: In den noch unzerstörten Wohnungen das Bett mit den bei der jähen Flucht zerwühlt zurückgelassenen Laken; der für das Frühstück gedeckte Tisch, eine Kinderbadewanne mit ihrem grünbrackigen Wasser und noch darin treibenden Schwimmenten... Hier läßt sich eine begonnene Partie Dame weiterspielen; dort läßt sich eine Flasche Apfelsaft aufkapseln, sofern es gelingt, Finger für Finger die Hand des Toten von ihr zu lösen, die sie noch umfaßt hält. Wieder zurückgekehrt ans Tageslicht, folgen nach solchen Abstiegen in die Unterwelt endlose Klettertouren über die Hügel von Trümmern und Schutt. An diesem Tag findet der Häuptling der Bande, ein Älterer von zwölf Jahren, eine tote Taube, zergliedert sie in kleine Stückchen und erlegt dem Dutzend seiner Gefolgschaft die ekelerregende Prüfung einer gemeinsamen Verspeisung auf. Mein Freund erhält, da er der Jüngste ist, den Auftrag, mit dem Herz des Geflügels das Freundesmahl zu beginnen. Es braucht wohl nicht eigens erwähnt zu werden, daß sich ihm der Magen umdreht, aber er weiß aus Instinkt, daß es fatale Folgen hätte, seinen Ekel zu zeigen. Also beginnt er zu diskutieren – und ich möchte ihn mit der gewitzten Sprache einer Märchenfigur selbst zu Wort kommen lassen:

»Natürlich hätte ich ohne Zaudern gemeinsam mit euch eine Taube roh verspeist, die wir gemeinsam getötet haben – aber wer erbringt uns den Beweis, daß diese hier, mitten im Schutt gefunden, nicht an einem Gift verendet ist?«

Darauf folgt ein zustimmendes Gemurmel unter den Versammelten, und der Häuptling sieht sich gezwungen, die blutverschmierten, mit Federn verklebten Fleischfetzchen in hohem Bogen fortzuwerfen.

Wenn ich dieses so teuflisch raffiniert gelöste Ritual aus der Reihe derer auswählte, die ich gesammelt habe (und es sind eine ganze Menge), so deshalb, weil mir ganz besonders die überraschende Wendung gefällt, mit der die List der rohen Gewalt begegnet. In diesem Beispiel wird der um Aufnahme Ersuchende nicht wegen seines Mutes als Novize aufgenommen, sondern aufgrund seiner geistigen Qualitäten. Er hat in die Herzen derjenigen, die sich, wenn auch leichenblaß, dennoch gefügt hätten, einen neuen Funken überspringen lassen. Ähnlich wie das kleine Schneiderlein, das, von dem Riesen aufgefordert, einen Felsklotz zwischen seinen Fingern zu zermalmen, wie er es vorgemacht hatte, ein Stück Käse aus seiner Tasche zieht und in seiner Hand zu Brei zerquetscht, so hat auch er die Probe bestanden. Es steht nämlich nirgends geschrieben, daß die Prüfung nur mit nackter Gewalt angegangen werden darf, sondern sie kann auch – vorausgesetzt, man stellt sie nicht grundsätzlich in Frage – *auf eine andere Art* gelöst werden.

✳

In einer entritualisierten Welt, in der die wenigen noch existierenden Feste einem jeden nur gekaufte, großspurig als »Geschenke« deklarierte Gegenstände einbringen und nicht übermittelte Offenbarungen, findet das Kind gelegentlich in der Horde einen schwächlichen Ersatz für den Stamm, nach dem seine Träume rufen.

Das Fehlen von Ritualen empfindet es grausamer als die eigentliche Grausamkeit der Rituale selbst, denn diese Grausamkeit ist trotz ihrer äußeren Erscheinung nicht ohne Sinn – sie ist die Antwort auf die grundsätzliche Notwendigkeit, sich der Angst zu stellen, statt sie zu verdrängen, die Gefahren zu durchsehen, statt eine Vollkaskoversicherung gegen sie abzuschließen. Das Kind erkennt darin von Anfang an den Preis der Freiheit, der Entdeckung und der Beherrschung der seiner Spezies eigenen Fähigkeiten.

Mit den Freuden und Leiden des Abenteuers in der Gruppe, den Wonnen und Gefahren der hautnahen Tuchfühlung, dem Geflüster von Ohr zu Ohr, in dem sich das Phantasierte und das Erlebte, die Schrecken der Entführung und die Phantasmen des Ausbruchs mischen, wird auch die *Zeit* wieder zurückgewonnen, weit entfernt von jenem widerwärtigen Magma des hektisch-zivilisierten Getriebes – die wahre, rhythmisch mit Hoch- und Tiefpunkten und Akzenten besternte Zeit.

✳

Ein Wort noch, bevor wir unsere Zelte abbrechen und weiterziehen, denn unsere Reise ist noch weit...

Es wäre unverzeihlich, die Kindheit zu verlassen, ohne von der Liebe zu reden. Die Kindheit ist es nämlich, die alle Gußformen, in die unsere Bindungen, unsere Zärtlichkeiten, unsere Liebesabenteuer und -leidenschaften gefaßt und gegossen werden, aus Sand, aus Erde, aus Traum und Wachs modelliert.

Den Formen, die sie dabei herausbildet, werden wir auch genausowenig entrinnen wie Jean-Jacques Rousseau der kundig züchtigenden Hand der Mademoiselle Lambercier. Sie werden uns bis an unser Ende begleiten – letztlich mit der einzigen Treue, zu der selbst die Treulosesten unter uns verpflichtet sind. Zu bestreiten, daß ihre Konturen sich in dieser Zeit in unseren Träumen und unseren kindlichen Berührungen ausgeprägt haben, würde

nichts nützen – und vor allem nicht dazu, ihnen zu entrinnen. Klüger, menschlicher ist es, ihre Macht anzuerken-
nen, ihre Gesetze und Mechanismen zu ergründen und
dadurch die einzige Freiheit zu erlangen, die uns die Götter zugestanden haben: nämlich die, gemeinsam mit ihnen
an unserer eigenen Geschichte zu arbeiten, indem wir uns
selbst erkennen.

3

Ein Plädoyer für das Heranwachsenlassen

»Ein jegliches hat seine Zeit, und alles Vorhaben unter dem Himmel hat seine Stund'«, lehrt der Prediger Salomo, »das Geborenwerden und das Sterben, das Steinewerfen und das Auflesen der Steine, das Zusammennähen und das Zerreißen, das Umarmen und das Lösen der Umarmung...« Und auch die Jungfräulichkeit hat ihre Zeit.

Jungfräulichkeit nenne ich jenen Zustand der Transparenz, in dem die Liebe auf den Komplizen verzichtet.

So wie die Kindheit nicht nur eine Übergangsphase ist, die von der Geburt zur Jugend führt, sondern eine eigene Welt für sich, und die Blüte des Kirschbaums nicht nur die Verheißung einer Kirsche, sondern die weiße Vollendetheit einer Blütenkorolla, so ist der oder die Unberührte nicht nur ein künftiger Liebender oder eine künftige Liebende: Er oder sie ist von nichts und niemandem ein Vorher oder Nachher, sondern eine unersetzliche Art und Weise, auf der Welt zu sein.

Manch einer wird mich, wenn er diese Zeilen liest, für prüde halten – und zuweilen bin ich das auch, so wie ich es zu gegebener Zeit wohl kaum sein werde. Was für die viktorianische Epoche die Sexualität war, nämlich eine verheimlichte Realität, ist für unsere Zeit die Keuschheit. Häufig ist es so amüsant wie aufschlußreich, in beiden Fällen einmal den ganz parallel laufenden Mechanismus von verlogenem Heucheln, Leugnen und Bekichern zu beobachten.

Genauso wie man damals der Liebe im Verborgenen nachging, hat sich heute die Keuschheit zur Schande gemacht. So gut wie jeder trumpft, sobald eine unglückliche Frage ihn dazu verleitet, mit seinen geschlechtlichen Bravourakten auf. Wer dagegen spräche jemals vom Taumel der Keuschheit? Wie viele träumen in so manchen Situationen ihres Lebens davon, sich ihm zuzuwenden, ohne daß sie wagten, es auch zu tun?

Der genitale Kitzel, dem sich unsere Zeitgenossen mit einem blöden Fleiß hingeben, hat mit dem Eros so viel gemein wie ein elektrodynamischer Kurbelinduktor mit der Sonnenenergie. Ohne das feinfühlige Ritual des Wartens, ohne die Vorspiele der Phantasie, ohne die Prolegomena von Traum und Mythos gibt es keine Erotik. Ohne sie regulieren nur punktuelle Stöße und Erschütterungen, so rasch erloschen wie erweckt, auf trübe Weise repetitiv und nach immer stärkeren mechanischen Erregungen verlangend, das triste Staccato vereinsamter Körper.

Früher war die Sünde eine Hüterin, und in den starken Seelen, die die Furcht nicht verkrampft machte, gelangen ihr durchaus herrliche Wirkungen der Spannung. Die Dramatisierung von Instinkten und Lüsten ist nicht unbedingt das beste Mittel, um das Erleben intensiver zu machen, sondern nur eines unter anderen – wenn auch vielleicht besser als überhaupt keines.

Das *o felix culpa* des heiligen Augustinus, jenes großen Meisters des trunkenen Taumels, hat (dafür lege ich meine Hand ins Feuer) mehr Seelen schon zu Lebzeiten in den Himmel gebracht als Existenzen vernichtet. Natürlich gibt es, um den Menschen mit Energie zu versorgen, noch bessere Leiter als das Metall der Sünde.

Andere Kulturen entfalten – weit entfernt von Schuldgefühlen – allein durch das Spiel vorbereitender Rituale und Initiationen eine Intensität des Erlebens, von der wir nicht einmal eine Ahnung haben. In all der buntschillernden Vielfalt der Praktiken ist die zugrunde liegende Absicht stets die, den Neophyten ein zweites Mal zum Leben zu erwecken.

Die erste Geburt gab ihm das »natürliche« Leben aus dem Schoß seiner Mutter und der Natur. Die zweite eröffnet ihm in weitestem Sinn das spirituelle und kulturelle Leben, indem es ihm die seiner ethnischen Gruppe eigenen Vorstellungen von der Welt offenbart.

Genau so wie seine erste Geburt nicht ohne Schmerzen, noch ohne Wehen und Mühen vonstatten ging, bedeutet für ihn diese neue Geburt ein Durchstehen von Prüfungen und Zerreißproben, deren Endpunkt häufig ein symbolisches Sterben ist. In einen neuen Menschen verwandelt geht er daraus hervor. Wenn dieses zweite Geborenwerden – diesmal nicht in die Welt, sondern in den Geist – wie bei uns erlebt wird, nämlich allein und blind, ohne Kompaß und ohne Leitfigur, ist es häufig mit Entgleisungen verbunden, für die unsere zivilisierte Regionen die traurigen Exclusivrechte haben: eine fassungslose Öde und Frustration und, in den Fällen extremer Feinfühligkeit (die in anderen Kulturen, nebenbei gesagt, seine Umgebung auf seine schamanischen Fähigkeiten aufmerksam gemacht hätten und nicht den Psychiater auf eine fette Beute für die Couch), schwerwiegende Depressionen, die zum Selbstmord führen oder das ganze Leben verdüstern können.

✳

Die Adoleszenz, das Alter des reifenden Heranwachsens, will anders als alles Folgende gelebt werden. Sie mit der Jugend in einen Topf zu werfen ist ein Fehlgriff, denn die Adoleszenz ist eine Schwelle, jener hochgradig magische Ort an jedem Gebäude, den die Drachen und Schutzgeister verteidigen. Auf der Schwelle wird der Besucher von allen Ahnungen, von allen Vorgefühlen heimgesucht bezüglich der einschließenden Mauern, die er sich anschickt zu betreten, und vom nächsten Moment an werden ihn davon ausgehend vielerlei Ansuchen und Bitten noch lange beschäftigen. (Erst am Ende seines Aufenthaltes wird er feststellen, daß sich alles, was er an dieser Stelle vorausgeahnt hatte, durchaus bestätigte.)

Der Adoleszent ist ein Amphibienwesen: Dies ist seine Begnadetheit im theologischen Sinn des Wortes ebenso wie diejenige, die ihm häufig die Anmut seiner Erscheinung verleiht (– und die Bedeutungen ›Gnade und Anmut‹ sind in dem französischen Wort ›grâce‹ gleichsam magisch vereint!). Wie es die Schwelle bildhaft verdeutlicht, auf der er innehält zwischen dem Draußen und Drinnen, schwankt sein ganzes Wesen zwischen zwei Polen. Er hat Teil an zwei Geschlechtern zugleich, und die Androgynität ist seine verborgene Chiffre.

❋

Bestimmte *rites de passage* (Übergangs- und Schwellenrituale) feiern auf ihre Weise diese Zweigeschlechtlichkeit, die die Adoleszenz charakterisiert. Bei den Massais, den Nandis und Nubas werden die jungen Knaben während ihrer Initiation als Mädchen verkleidet, und in Neuguinea und bei den südafrikanischen Sothos ziehen die Mädchen Männerkleider an.

Ähnlich signalisiert die rituelle Nacktheit während der Absonderung von den übrigen, daß der Neuling noch nicht dem einen oder anderen der beiden Geschlechter zugehört.

Im mythischen Denken ist die Androgynität als Verkörperung der Ganzheit des Wesens eine Eigenschaft der Götter. Den religiösen Sinn dieser Bräuche verdeutlicht Mircea Eliade so: »Man hat mehr Chancen, eine spezifische Seinsart zu erlangen – mit anderen Worten: ein Mann oder eine Frau zu werden –, wenn man zuvor eine Ganzheit gewesen ist.«

Aus dieser Sichtweise, die von allen Verrenkungen der Moral weit entfernt ist, tritt uns besonders klar vor Augen, welchen unersetzlichen Verlust eine verfrühte Unterwerfung unter seine geschlechtliche Spezifizierung für den jugendlichen Körper bedeutet. Genau dieser Amphibiencharakter ist es, der dem Heranwachsenden die Fähigkeit verleiht, sich in den gegensätzlichsten Elementen zu bewegen. Mühelos wechselt er zehnmal täglich vom Ruf der Heiligkeit zur Faszination der Verworfenheit, vom Profanen zum Sakralen, vom Spielerischen zum feierlichen Ernsten. Ständig wechselt er durch Passagen hin und her, durch die später der Erwachsene genausowenig durchschlüpfen kann wie ein Kamel durch ein Nadelöhr. Er findet Zugang zu parallelen Welten. Diese allem menschlichen Leben innewohnenden Erfahrungen bilden die Struktur der Märchen. Zahlreich kommen darin die jugendlichen Figuren vor – Mädchen oder Knaben –, die sich nach verschiedenen Prüfungen auf wunderliche Weise von dem »kleinen Völkchen« (Elfen, Zwergen und allen möglichen Geistern) aufgenommen finden, bevor sie sich eines schönen Tages wieder auf dem Weg in ihr Dorf befinden, in dem sie ein Leben als Mann oder Frau erwartet.

In der slawischen Mythologie trösten sich die ›lechy‹ und die ›domowoi‹, die Waldgeister, nicht immer darüber hinweg, daß sie ihre kleinen Gefährten oder Gespielen wieder an die Menschen haben ausliefern müssen; daher kommen sie zornentbrannt wieder und verwüsten den Gemüsegarten, stiften Aufruhr in Hühner- und Viehställen. Meistens genügt eine mit den Zinken fest in die Erde gerammte Gabel an den Eingängen des Gehöfts, um sie für immer oder für gewisse Zeit zu vertreiben. In manchen Fällen entlocken sie ihren geliebten Menschen sogar das Versprechen, regelmäßig zu festgesetzter Stunde für kurze Zeit zu ihnen zurückzukehren. Und alles läuft bestens, solange nicht ein eifersüchtiger Ehemann oder eine ebensolche Ehefrau die Karten durcheinanderwirft. Aber dies ist bereits eine Geschichte des Erwachsenen – auf ihn werden wir noch zu sprechen kommen.

✳

Daß diese Art der Androgynität, die wir auf diesen Seiten feiern, nur wenig mit der Geschlechtervermischung gemein hat, wie sie in unserer Zeit in Mode ist, braucht wohl nicht eigens betont zu werden! Jene nämlich verallgemeinert nur die Gesetze der Herrschaft, der Muskulatur und der Aggression und läßt den Rest verkümmern: eine schelmische Verspieltheit, wachsame Intelligenz, Bereitschaft und Offenheit. Die streitsüchtigen und besessenen Verhaltensweisen, zu denen das männliche Prinzip in unserer Gesellschaft erniedrigt wird, werfen dort wie überall sonst ihre Schatten voraus.

Die Androgynität, von der wir gesprochen haben, ist nicht der »Schmelztiegel« der Geschlechter – sondern sie ist ihre *Schmiede*. Nachdem sie darin durch die Feuerprobe vereint wurden, gehen die zwei Prinzipien, die die Schöpfung regieren, voneinander unterschieden und fortan unzerbrechlich daraus hervor.

✳

Diese zweite Geburt, von der uns unsere eindimensionale Lebensweise »befreit« (in Wirklichkeit aber beraubt) und von der die zu einem familiären Festessen abgesunkene Erstkommunion noch einen schwachen Abglanz bietet, wollen wir jedoch nicht verlassen, ohne an dieser Stelle noch ein wenig zu träumen.

Um jedes unfreiwillig komische Mißverständnis zu vermeiden, möchte ich aber unbedingt betonen, daß ich weder die Absicht noch die Hoffnung habe, die Bräuche und Rituale des Awa-nkonde- oder Yaraikanua-Stammes in unseren Breiten heimisch zu machen. Nur liebe ich so sehr, daß mir die Worte fehlen, das offenbarende und zarte Licht, das ihre Bilder aus weiter Ferne auf unsere Handlungs- und Verhaltensweisen werfen.

Von dem Augenblick an, wo das menschliche Bewußtsein aufhört, die Schöpfung als selbstverständlich zu betrachten, sondern seine Kraft, seinen Glauben und seine Verantwortung dazu einsetzt, um ihr Wunder fortwirken zu lassen, taucht es aus der Schattenwelt der Unwissenheit auf und wird zum göttlichen Bewußtsein.

Die Initiation setzt das Überschreiten dieser unsichtbaren und grundsätzlichen Demarkationslinie rituell in Szene. Nachdem die Neophyten für eine gewisse Zeit von der Gemeinschaft abgesondert wurden – von drei Tagen (in Australien oder in Indien) bis zu mehreren Monaten (in Neu-Irland oder Neuguinea) oder sogar bis zu mehreren Jahren (in Kambodscha), meist ohne Licht und in engen Hütten eingeschlossen (wie bei den Yabim oder den Bukauas) oder in Hängematten unter einem Gerüst von Ästen aufgehängt (wie bei den Chirigano- und Macusi-Indianern) oder auch (wie im Kunapipi-Ritual der australischen Aborigines) mit Rinden zugedeckt und, wie man dort glaubt, von der Großen Schlange gefressen –, wissen sie künftig, was es heißt, »das Licht der Welt oder des Tages zu erblicken«. Während sie zuerst mit von Schleimsekreten verklebten Augen zur Welt kamen, werden sie dieses zweite Mal mit offenen Augen geboren.

※

Wenn wir uns vorstellen, wie ihr Fuß mit dem ersten Schritt wieder die knirschende Erde berührt, wie ihre Augen wieder der von der Sonne entflammten Natur begegnen, wie ihre Zähne wieder zermalmen, was ihnen so streng rationiert oder gar verboten worden war, wenn wir uns vorstellen, welche Empfindungen sie überkommen, in welche neue Klarheit für sie durch die enthüllten Wahrheiten die Welt getaucht ist, und wie sie in den Stamm zurückkehren, wo sie nun geschmückt und gefeiert werden – wie könnte uns da nicht der Gedanke überkommen, daß das, was wir gemeinhin als »Leben« bezeichnen, nur ein hingeworfener Schatten davon ist?

Vielleicht können sich nur diejenigen unter uns, die bereits das Glück und die Gelegenheit hatten, ausdörrende und langwährende Krankheiten durchzumachen, eine gewisse Vorstellung davon machen, worum es hier geht. Dann gehen uns nämlich die Augen darüber auf, wie lächerlich unser gegenwärtiges Ideal von einer unerschütterlichen, massiv wie ein Bunker betonierten Gesundheit ist. Denn nur die Krankheit vermag in unserem geistesabwesenden Leben noch den entscheidenden, schicksalswendenden Sprung herbeizuführen – die strahlende Entdeckung einer Welt, die, wie eine Hierophanie aus der Finsternis und dem Leiden aufgetaucht, fortan nicht mehr als selbstverständlich betrachtet wird.

Aber woher kommt es, daß diese Phase der Adoleszenz innerhalb des Lebens derart gesondert dasteht?

Vergessen wir zuallererst nicht, daß die im vorigen Kapitel erwähnten Kräfte und Möglichkeiten der Kindheit, sofern nichts sie zerstört hat, darin ihre Apotheose feiern. Was sie am besten kennzeichnet, ist ein ruhiges Vertrauen in die Kraft des Geistes, eine gelassene Suggestionskraft, die man aber auf keinen Fall mit der unüberlegten Kühnheit desorientierter kleiner Kinder verwechseln darf.

Die jungen Mädchen von Bali[10], die mit nackten Füßen auf glühenden Kohlen tanzen, sind ein wundervolles Beispiel dafür. Wenn sie sich am Feuer nicht verbrennen, dann aus dem Grunde, weil sich an diesem Tag, dem Tag eines sehr lange vorbereiteten rituellen Tanzes, die jungen Mädchen von Bali eben nicht am Feuer verbrennen!

Morgen kehrt alles wieder zur gewohnten Ordnung zurück – und wehe den Händen, die dann das Kaminfeuer ohne Vorsicht schüren!

Nur heute nimmt der rotglühende Samtteppich, dessen Hitze, wie Augenzeugen bestätigen, Aluminium zum Schmelzen bringt, die begnadete tänzerische Anmut ihrer Schritte und ihrer Sprünge freundlich auf. Die Wissenschaftler, die sich den Kopf darüber zerbrechen, welche physio-chemische Modifikation der Grund dafür ist, daß das Feuer unter bestimmten Umständen nicht brennt, haben den falschen Weg eingeschlagen. Denn sogar auf Bali brennt das Feuer. Nur derjenige, den der Geist davor bewahrt, sich zu verbrennen, verbrennt sich nicht. Die zwei Prinzipien Feuer und Geist trennen zu wollen, ist ebenso naiv, wie von zwei Wasserstoffmolekülen zu erwarten, daß sie zu Wasser werden, ohne daß sie sich zuvor mit ihrem Partner, dem Sauerstoffmolekül, verbunden haben.

Erst das Verschmelzen beider Komponenten führt zu dem erwarteten Ergebnis.

✳

Die »Macht« meines jungen Nachbarn, derer ich kürzlich Zeuge wurde, ist ohne Zweifel von ähnlicher Natur.

In einem nahe gelegenen Bauernhof löst der Stier den Eisenhaken, an dem seine Kette befestigt ist, reißt Schranken und Bretter ein, stürzt alles, was ihm im Weg liegt, um und versetzt das ganze Dorf in Panik. Während alle in den angrenzenden Gebäuden Zuflucht suchen, schickt der Bauer seinen dreizehnjährigen Sohn los, um dem Tier ein Halfter anzulegen und es zahm wie ein Lamm in den Stall zurückzuführen. Auf mein Erstaunen darüber, daß er sein einziges Kind einer solchen Gefahr aussetzt, reagiert er lediglich mit einem Achselzucken:

»Aber was ist denn? Als ich so alt war, hat mich mein Vater auch losgeschickt, um den Bock, den Widder oder den Stier einzufangen, wenn er durchgegangen war und niemand es fertigbrachte, ihm nahe zu kommen. Das ist ganz normal.«

Ich vermute, daß die Unerschrockenheit eines Kindes, wenn die ruhige Gewißheit eines Vaters es nicht unterstützen würde, durchaus fatale Folgen haben könnte. Sicher bin ich, sobald ich das Wort Unerschrockenheit auch nur ausspreche, bereits dabei, die Möglichkeit einer Gefahr für ihn heraufzubeschwören.

Alles spielt sich hier nämlich in der unsichtbaren und schützenden Luftblase ererbter Selbstverständlichkeiten ab, die schon der geringste störende Eingriff zum Platzen bringt. Der Geist ist dieser Katalysator, der die Welt solange verwandelt, wie man ihm vertraut. Sobald der zivilisatorische Holzhammer dreinschlägt, der den Verstand vom ursprünglichen Instinkt und Vertrauen abspaltet, ist es um das feinfühlige Zusammenspiel zwischen Natur und Geist geschehen. Dann beginnt die harte Herrschaft und das Dominieren von zersplitterten Bruchteilen von Wissen, die geschärft wie Reißzähne sind und eine grausam zerrissene Welt unter sich aufteilen.

Nachdem ich lange Zeit wie jeder geglaubt habe, daß es nur gelehrtes Wissen gibt und daß nur Experiment und Bildung Zugang zu Kenntnissen vermitteln, entdecke ich heute zu meinem Erstaunen, wenn ich Hildegard von Bingen oder jenen alten »Hexenmeister« Paracelsus lese, daß ein großer Teil des Wissens, auf das sich zum Beispiel die medizinisch-chemische Forschung stützt, dort seinen Ursprung hat, wo wir es kaum vermuten.

Das Grundwissen über die Heilpflanzen, aus denen die Arzneien extrahiert werden, stammt nicht aus der strengen Beobachtung, noch aus den Experimenten von Wissenschaftlern, sondern aus dem Dunkel der Vorzeit, aus dem noch urwüchsigen Gespür von Kindern für mediale Kräfte.

Wenn von Hildegard von Bingen berichtet wird, wie sie als ganz junges Mädchen in der Nähe von Bilsenkraut und Schierling von einem inneren Zittern durchströmt wurde, als sie diesen Pflanzen zum ersten Mal in der Natur begegnete, und was für ein in bestimmten Organen lokalisiertes Gefühl sanfter Wärme sie spürte, als sie sich über Schwarzwurz, Schachtelhalm oder Alchemilla beugte, muß ich insgeheim schmunzeln.

Übrigens habe ich keine Ahnung, weshalb mich diese Beschreibung, die für mich die rationalistischen Überzeugungen von zwanzig Jahren hinfällig macht, in eine solche Freude versetzt.[11]

Unermeßlich ist das Feld dieser noch so wenig erforschten Vor-Wissenschaften. Als ich neulich ein gutes Dutzend Hühner in mein Reich eingewöhnte, habe ich mich wieder an eine Begebenheit aus meiner Kindheit erinnert. Damals verbrachte ich meine ersten Ferien bei meiner Großmutter, und zwar zusammen mit einer zehn Jahre älteren Kusine – einer jener Najaden mit nackten Füßen und über und über voller Haare, zu deren Herstellung allein die Adoleszenz und Pubertät das Geheimnis besitzt. Ihre Lieblingsbeschäftigung – neben derjenigen, ganz spontan und ungezwungen im Keller und auf dem Dachboden die Mäuse mit der Hand zu fangen – bestand darin, die Hühner des Hofs in einen tiefen Hypnoseschlaf zu versetzen, indem sie ihnen auf eine bestimmte Weise mit einen Finger über den Kopf strich. Dann kostümierten wir sie wie Puppen mit bunten Stoffen und fuhren sie in einem alten quietschenden Kinderwagen durch die Dorfstraßen spazieren. Nur ein erneutes Streicheln wider den Feder-Strich brachte sie in das aufgeregte und gackernde Leben zurück, das die eierlegende Schar charakterisiert. Wenn wir sie, von irgendeinem Kuchenduft fortgelockt, zufällig einmal in ihrer Maskerade vergaßen, hielten sie auch nach geraumer Zeit noch, wie wir feststellten, ihre winzigen Lider über das runde und warzenrosa Auge geschlossen. Kaum kommt mir wieder diese Erinnerung, bin ich bereits ganz aufgeregt über den Gedanken, ich hätte damit des Rätsels Lösung gefunden: Ich könnte, so denke ich mir, zu gegebener Zeit meine Hühner in tief bewußtlosem Schlummer *ad patres* und in den Kochtopf befördern und ihnen auf diese Weise die Grauen der Hinrichtung ersparen. Umgehend lade ich meine Kusine – die heute natürlich erwachsen ist – ein, um bei ihr in die Lehre zu gehen. Mein Ansuchen macht sie ratlos – »Leider Gottes«, meint sie zu mir, »habe ich nicht mehr die blasseste Ahnung, wie ich das gemacht habe.« In dem Hühnerhof, in den ich sie daraufhin mitzerre, bewirken unsere tolpatschigen Versuche lediglich ein aufgeregtes Gackern und ein Aufstieben von Daunen, die uns in der Kehle kitzeln.

In einer anderen Kategorie von Erfahrungen kommt es mir heute so vor, als ob die einzigen Bücher, von denen ich behaupten kann, ich hätte sie wirklich gelesen, diejenigen meiner Mädchenjahre bis zur Pubertät gewesen wären. Damit meine ich, daß ich sie wie ein Pilger *zu Fuß* und nicht wie ein Leser *mit den Augen* durchwandert habe und daß sie restlos mit meinem Leben verschmolzen. Später habe ich, während ich las, abgesehen von einigen ziemlich kurzen Höhenflügen, die mich verblüfften, und trotz meines Interesses oder meiner Begeisterung immer gewußt, daß ich ein Buch in der Hand hielt. In jener Zeit, also bevor die Liebe in meinem Leben ihre Rolle zu spielen begann, zog ich dagegen mit all meinem Hab und Gut zwischen den Buchseiten ein.

Die Wanderungen des Frédéric Moreau durch das Paris in Flauberts *Die Erziehung des Herzens* sind mir ebenso vertraut wie meine eigenen: Es ist mir einmal passiert, daß ich durch die Rue Tronchet irrte – in der der Unglückliche vergebens auf Madame Arnoux wartet, die am Lager ihres kranken Kindes zurückgehalten wird –, ohne daß ich wußte, was ich dort eigentlich zu tun hatte.

Noch heute wundere ich mich, wenn jemand in meiner Gegenwart Lucien de Rubempré aus Balzacs *Verlorene Illusionen* oder Julien Sorel aus Stendhals *Rot und Schwarz* erwähnt, daß er sich nicht mit den Worten: »Aber ich habe ja ganz vergessen, daß Sie ihn gut kannten ...« oder »Wie war er damals ...« etc. auf die gleiche Art an mich wendet, wie ein Gesprächspartner sich unterbricht, wenn ihm einfällt, daß ein gewisser X., auf den die Sprache gerade kam, niemand anderer als Ihr Vater oder Ihr Cousin ist.

Eigenartigerweise hat mein literarisches Schaffen, das nie aufgehört hat, mir seine Falltüren zu den Wegen zu öffnen, auf die ich es lenken wollte, und das mich in guten wie in schlechten Jahren die Werke anders gebären ließ, als ich geplant hatte, lange Jahre hindurch nie meinen festen Glauben erschüttert, daß ich dabei einer rationellen und eigenständigen Tätigkeit nachging.

Groß ist unsere Blindheit, wenn die großen Entscheidungen unseres Intellekts sich nur schwer mit der Wirklichkeit vereinbaren lassen. Häufig funktioniert unsere Kopfsteuerung wie das Zentralkomitee eines totalitären Staates, der nur solche Informationen durchsickern läßt, die ihn konsolidieren.

Das ist ja alles wunderschön, wird man nun einwenden – aber was hat das mit der Jungfräulichkeit zu tun?

Sehr viel sogar!

Der alte, in zahlreichen Märchen und Sagen noch lebendige Glaube, der den Jungbrunnen wie auch den magischen Ort der Offenbarungen in den Gefilden der Keuschheit und Unberührtheit ansiedelt, verdient einmal, näher untersucht zu werden. Als König David von der Eiseskälte des Alters heimgesucht wird und nichts mehr – weder geschürtes Feuer noch dicke Gewänder – seine Glieder zu wärmen vermag, da gibt ihm die Gegenwart einer jungen, heranblühenden Jungfrau wieder das Leben zurück. »Sie suchten im ganzen Lande Israel eine Jungfrau voller Liebreiz und Gesundheit, da fanden sie Abisang aus Sunem und führten sie vor den König«. Ein anzügliches Grinsen verriete hier nur die philisterhafte Ignoranz desjenigen, dessen Mundwinkel es ziert.

Geht man einmal in den Grenzwissenschaften und östlichen Überlieferungen auf die Weide, so wird man rasch entdecken, daß die Jungen und Mädchen auf der Schwelle der Pubertät erstaunliche Katalysatoren sind und daß die psycho-sexuelle Energie in den adoleszenten Körpern – in denen die noch nicht erlebte Sexualität brütet und heranreift – ihren kritischen Höhepunkt erreicht.[12] Dieser außerordentlich konzentrierten Kraft in sich, so wage ich einmal als Hypothese anzunehmen, verdankt der Adoleszent die Schärfe seiner Sinne und seines Geistes sowie seine Fähigkeit, sich mühelos in anderen Systemen der Wahrnehmung zu bewegen.

Die extremen Fälle in dieser Hinsicht untermauern, auch wenn sie keine Beweiskraft besitzen, diese Wirkungen.

Die bereits häufig untersuchten psycho-kinetischen Phänomene[13] (»Klopfgeister«, von ihrem Platz rückende

Gegenstände, verschiedene oft betäubend laute Geräusche oder glühende Wärmestrahlung aus Mauern oder Bettrahmen) stehen fast immer mit der Anwesenheit von jungfräulichen, adoleszenten Menschen im Hause in Verbindung.

Jene außergewöhnlichen Fälle haben den Vorzug, die Kraft dieser Energie zu offenbaren, die sich hier in ihrem wilden Ur-Zustand manifestiert. Während sie in Indien seit Jahrtausenden in der tantrischen Lehre erkannt, beherrscht und genutzt wird, ist die erotische Energie in unserem Europa nach wie vor unbekannt. Hier kennt man, wenn man die Troubadoure und ihre Praxis des *domnei* oder *asag*[14] (Varianten der keuschen Kontemplation nackter Schönheit), die Katharer und mystischen Liebenden des Mittelalters ausnimmt, nur den Koitus. Würde man diese Energien nutzen, so ist nicht auszuschließen, daß sich das gesamte Leben auf Erden grundlegend verwandeln würde. In welcher Weise – das ist natürlich im gegenwärtigen Zustand unserer Kenntnis so unmöglich vorherzusehen, wie für einen Maulwurf, sich die grünen Abgründe des Atlantischen Ozeans vorzustellen.

✳

In dieser Übergangsphase der Adoleszenz, in der die jungen Mädchen von Bali auf glühenden Kohlen tanzen, wird uns die Gabe gewährt, die Welt aus einer vollkommen poetischen Sicht zu erfassen. Mit Sicherheit sind wir nie auf eine natürlichere Weise der möglichen Vollkommenheit näher als in diesem Lebensalter.

»Wenn du sitzt, dann begnüge dich damit, zu sitzen. Wenn du gehst, dann begnüge dich damit, zu gehen. Vor allem aber zaudere nicht in Unschlüssigkeit«, lehrt der Zen-Meister seinen Schüler.

Für den Adoleszenten ist dies, was absolut betrachtet das Schwierigste der Welt ist, nahezu ein Kinderspiel.

4
DIE JUGEND

Sobald man glaubt, das Wesen der Jugend mit einer bestimmten Formel erfaßt zu haben, stellt sich ein Phänomen
ein, das dem Algenfischer wohlvertraut ist, der wir alle
schon das eine oder andere Mal am Meer gewesen sind.

In ihrem Element schwebt die Alge tänzelnd dahin,
entfaltet ihre durchscheinenden Jaden und kräuselt mit
ihrer sich wiegenden Abwesenheit sanft das Wasser. Kaum
hat man sie aber erfaßt und an die Oberfläche gezogen, ist
das, was die Hand mitnimmt, ein schlaffer und leerer
Fetzen. Und verwundert fragt man sich: Wie konnte ich
mich nur glücklich preisen, dieses Etwas von Gewebe zu
fischen?

*

Irgendein flüchtiges, unbeabsichtigtes, gleichsam depla-
ziertes, aus seinem üblichen Zusammenhang gerissenes
Wort, also ein glücklicher Zufall kann dazu führen, daß
unsere Expedition nicht vergebens war. Ein leeres Netz
schließt nicht aus, daß die Augen einen guten Fang gemacht haben.

William Blake, der geniale Sämann starker Bilder, der
die Dichterfeder mit der gleichen Meisterschaft wie Pastell
und Pinsel führte, setzt in seiner Deutung der Menschheitsgeschichte die zwei Mächte in Szene, die um die Vor-
herrschaft auf der Welt ringen: *Urizen* und *Orc* – die
Ordnung und das Chaos.

Mit einer Regelmäßigkeit, die nichts zu beeinträchtigen
vermag, birgt der Sieg des einen wie des anderen Prinzips

zugleich im Keim seine eigene Niederlage und den Sieg des Gegners.

Als Tochter der Hoffnung und des Lichts zerstört die Revolution das, was die gerade bestehende Ordnung an Unmenschlichem und Barbarischem an sich hat, und zerreißt für eine Weile die Finsternis, in die die Welt getaucht war. Allmählich tritt eine neue Ordnung an die Stelle der alten. Diese Ordnung gleitet ihrerseits allmählich zum Dogma ab, erstarrt zu einer Tyrannei, die, nachdem sie unerträglich geworden ist, eine Revolution erzeugt, die als Tochter der Hoffnung und des Lichts das, was die gerade bestehende Ordnung... und so weiter. So läßt seit Anbeginn der Zeiten dieses Schwanken von einem Pol zum anderen den Rumpf des Schiffes, an dessen Bord die Menschheit sich befindet, schmerzhaft in seinen Fugen knarren.

Nur einer Wirklichkeit, die beide Prinzipien (Fortbestand und kreatives Schaffen – Tradition und Neuerung – Herz und Verstand) zugleich enthielte, könnte es schließlich gelingen, dieses Schwanken aufzuheben.

Für Blake ist das Kreuz nicht das Werkzeug des Todes, das wir in ihm zu sehen glauben, sondern das Ideogramm einer am Ende doch möglichen Vereinigung der vier Himmelsrichtungen des menschlichen Horizonts.

※

Das Leben des einzelnen, das in seinen schwindelerregenden Abkürzungen die Geschichte seiner Spezies insgesamt wiederholt, kennt eine ähnliche Bewegung.

Die Jugend steht mit *Orc* im Bunde. Sie erhebt sich im Aufstand gegen das Unannehmbare, sie wagt das Unmögliche. Auf die empörten Fragen des Erwachsenen – »Was willst du denn an die Stelle dessen setzen, was du zerstörst?« – weiß sie nicht anders als mit schallendem Gelächter oder einer neuen Razzia zu antworten, denn es fällt nicht in ihr Ressort, auch nur im mindesten wieder in Ordnung zu bringen, was sie umstürzen mußte. Ihre Berufung ist es, *tabula rasa* zu schaffen. »Wer auf die Welt gekommen ist, um nichts in Unordnung zu bringen, verdient weder Rücksicht noch Geduld.« (René Char).

Der Erwachsene steht mit *Urizen* im Bunde. Er setzt wieder eine Ordnung ein und möbliert den auf diese Weise frei gewordenen Raum.

Zuweilen versöhnt er sich mit der Realität und entscheidet sich für eine flexible und variable Ordnung – oder aber er versteift sich ganz im Gegenteil in Formalismus und Dogma.

Der vollständige Mensch sollte, nachdem er seine Reife erlangt hat, in der Lage sein, die extremen Möglichkeiten in einem einzigen Plan zusammenzufassen und in ihm die ordnenden mit den erneuernden Kräften in Einklang zu bringen.

Wie ist es dann aber möglich, so fragt man sich, daß so viele Erwachsene ihre nostalgischen Sehnsüchte um die Jugend kristallisieren und daß gleichzeitig so wenige von ihnen den jungen Leuten wirklich von Herzen zugetan sind?

Zweifelsohne fasziniert sie immer noch die Erinnerung an die Inbrunst ihrer Jugend, aber sie sehen es kaum mit Vergnügen, wenn ihre heute endlich stabilisierte Realität erneut durch eine ähnliche Einmischung in Unruhe versetzt wird.

Für viele ist die einzig geschätzte – oder geduldete – Jugend diejenige, die im Reliquienschrein der Erinnerung eingeschlossen ist. Daß die Gesellschaft lebendig bleibt, verdankt sie jedoch den regelmäßigen Erderschütterungen, die das Aufkommen neuer Generationen in ihr hervorruft. Alle Impulse, allen Elan erhält sie von dieser Seite.

Sie lebt sogar davon, wenn sich alle ihre Kräfte zeitweise darauf konzentrieren, die subversiven Auswirkungen soweit wie möglich zu neutralisieren. Hat sich nicht die Schaffung eines ganzen Marktes und einer wahren Industrie als unerläßlich erwiesen, um die Jugend von ihrer Berufenheit zur Ruhestörung abzulenken?

Was heute fälschlich als Kult dieses Lebensalters interpretiert wird, ist in Wirklichkeit nur eine lebensgefährliche Maschinerie, die in Gang gesetzt wurde, um die jungen Leute zu verdrängen von ihrer wiederbelebenden Funktion, von ihrer Rolle als Seelen-Versorger (oder Hosenbodenversohler, was auf das gleiche hinausläuft) für Gesellschaften, die zu ersticken drohen.

Auf lange Sicht ist jeder Versuch, den Strom einzudämmen, lächerlich. Wer oder was könnte das Aufschießen des Saftes in der Pflanze anhalten? Wer könnte die verborgenen Kanülen zuschnüren, durch die er strömt? Nichts und niemand.

Ja, nicht einmal diejenigen, die den Baum des Lebens umsägen würden. Denn das vernichtete Leben ist immer noch der Humus, aus dem es erneuert wieder aufsprießt. In weiter Ferne von unseren mörderischen Desastern und Verirrungen wirken ewig die Gesetze der Schöpfung fort.

Da zählen weder Mitleid noch Wehegeschrei noch Kassandra-Rufe. Ja nicht einmal, so unerträglich und entsetzlich er für uns auch sein mag, der Gedanke an einen erloschenen Planeten.

✳

Ich glaube, in diesem Frühling habe ich nicht verstanden (denn darüber kann ich nur mit den Schultern zucken – was heißt es schließlich schon, etwas mit dem Kopf zu verstehen?), – nein, sondern *wahr*genommen, was die Jugend sein könnte.

Zum ersten Male waren meine Augen stärker als meine Unaufmerksamkeit und ich habe *gesehen*, wie in meiner zweihundertjährigen Linde der Saft aufstieg.

Frühlingszeit – Jugendzeit. Diese Metapher ist verbraucht, aber was macht mir das schon! Während zweier Wochen habe ich mit unsagbarer Ergriffenheit diese mir unbekannte Kraft erlebt.

Von den gewundenen Wurzeln, an die mein Fuß stößt, bis zu dem Stamm mit seinen riesigen Warzen, aus denen hie und da Zweigebüschel sprießen und dessen Rinde aus altem Leder über und über aufgerissen ist von einstigen Wunden (langen Schnittnarben oder wulstigen Schließmuskeln, fest zusammengezogen um die Stelle eines früher einmal ausgelichteten Astes), und bis hinauf in die Krone, wo fünfzig Fuß über meinem Kopf der Schlagbohrer des Grünspechts vibriert, der den ganzen Winter über die Speckschwarten durchlöcherte, die ich vor die Fenster hängte – ja, vom Boden, auf dem ich mich als Zweibeiner, der ich bin, notgedrungen befinde, bis zum Himmel, in dem sich die Vögel und meine Blicke verlieren, ist der Saft aufgestiegen und hat die tausend steilragenden Dochte der Knospen entzündet und bis zur äußersten Spitze des höchsten Ästchens das grüne Feuer des Anbeginns entfacht.

✳

Diesem unbändigen Überfluß an Leben in sich verdankt die Jugend ihren dionysischen Charakter, diese ständige Trunkenheit haarscharf an der Schwelle zum Rausch, in der die alten Menschen noch ein halbes Jahrhundert später taumeln, wenn die Erinnerung sie wieder vergegenwärtigt.

Diese unkontrollierbaren Kräfte, die sich dann unter Öffnung sämtlicher Ventile auf das Leben ergießen, tragen auch mit dazu bei – das ist die Kehrseite der Medaille! –, daß dieses Alter zum unbequemsten, gefährlichsten Wendepunkt der ganzen Reise wird.

Was passiert?

Warum wird alles Bisherige auf einmal in solchem Maße umgestürzt und erschüttert?

✳

Die Jugend ist das Lebensalter von Umkehr und Umkrempeln. Die Mutation, die ihr charakteristisches Merkmal ist, entwickelt sich in umgekehrter Richtung zu der ihr vorausgegangenen. Was innerlich war, wird plötzlich wie ein Kaninchenbalg von innen nach außen gestülpt. Bis dahin war die kohärente Welt, die sich das Kind und der Adoleszent geschaffen hatten, im Schmelzen begriffen und verschmolz mit der Außenwelt. Ihre Welt war weit davon entfernt, eine irreale zu sein – sie war lediglich zeitloser Natur. Nun sehen sich der Junge oder das Mädchen plötzlich aus der tiefen Wirklichkeit vertrieben und vor eine ohne ihre Zustimmung, ohne ihr Zutun konstruierte Realität gestellt, die bereits vor ihnen existierte und an deren Aufbau sie nicht den mindesten Anteil hatten – sie stehen vor dem, was wir in einem kategorisch-absoluten Sinn, der jedoch einer Korrektur bedarf, als *die* Realität bezeichnen. *Eine* Realität müssen wir nämlich sagen – und aus unserer Sichtweise heraus betrachtet: diejenige der gegenwärtigen, industrialisierten Welt –, denn es existieren so viele »Realitäten« wie Möglichkeiten, sie zu erfassen, so viele »Welten« wie menschliche Kulturen. Diese Welt, die der junge Mensch entdeckt und deren Beute er sofort wird, erweist sich als monolithisch und unerschütterlich: Ihre Macht verdankt sie der Zustimmung durch die Allgemeinheit; sie ist die Welt, die von jener Vielzahl von Männern und Frauen, die an sie glauben, unterstützt wird, mit denen der junge Mensch von nun an leben und sie teilen muß – einen unverrückbaren Klotz, betoniert von den Millionen, den Milliarden an Mitgliedern und Mitläufern, die sie sich gesichert hat.

Sofort springen ihm ihre Mängel und Widersprüche in die Augen und an die Kehle. Wie könnte er sich an sie gewöhnen? Wo sind die Liebe, das intuitive Gespür, die Osmose, die Stille, die schalkhafte Listigkeit, der Müßiggang und die anhaltenden Lüste und Freuden geblieben? Auf was für eine grauenhafte Galeere ist er da geraten? Mit bloßen Händen findet er sich auf einmal in einem titanischen Kampf mit dem Leviathan begriffen.

Die Jugend ist die wilde und skurrile, gnadenlose und spöttische Chronik dieser in unserem Kulturraum beheimateten Unvereinbarkeit der Ausgangspunkte.

(Es steht außer Zweifel, daß die Revolte nur ein Phänomen *unseres* Zivilisationstypus ist und den mit Tradition und Mythos verbundenen Gesellschaften, die die verschiedenen Lebensphasen respektieren, unbekannt bleibt: Dort ist die Welt der Erwachsenen eine eigene für sich, in die die Jugend über den Weg der Initiation und Verantwortung gelangt.)

Von Nizans bitterem Aufschrei – »Keinem Menschen gebe ich das Recht zu behaupten, daß das Alter von zwanzig Jahren das schönste des Lebens sei!« – bis zu Till Eulenspiegels herausgestreckter Zunge, vom Zorn bis zur Revolte, von der verletzten Großherzigkeit bis zum blinden Wüten, vom boshaften Jubel bis zur Verzweiflung, von der tatsächlichen Flucht bis zur »inneren Emigration« ist die Zahl der Antworten unendlich – und für alle Zeiten unauslöschlich die Flammenspur, mit der dieses meteorhafte Lebensalter unser Bewußtsein gezeichnet hat.

Se-pa-ra-ti-on.

Vielleicht liefern uns diese fünf Silben den Schlüssel. Nun ist der junge Mensch separiert, abgetrennt von allem,

95

was er bisher wußte. Er wußte sehr viel, nun weiß er nichts mehr. Die Lehrjahre beginnen mit der strengsten Schule des Verlernens.

Wer könnte leben ohne die Fähigkeit des Vergessens, so lehrte uns einmal der Talmud, und wer wäre ohne sie bereit, sich dem Orkan der Gefühle und des zu erlernenden Wissens auszusetzen? Wer wäre dazu in der Lage, ohne den Ballast von Erinnerung und archaischem Wissen abzuwerfen?

In mehr als einer Hinsicht ist der Jugendliche ungerüsteter, unerfahrener als diejenigen, die jünger sind als er – das Kind und der Adoleszent –, die sich im Leben wie für alle Ewigkeit häuslich eingerichtet haben. Er aber entdeckt, daß er sich an Bord der Geschichte befindet. Die Welt offenbart sich ihm als so sehr durchdatiert, daß sie jeden Morgen, wenn er erwacht, sogar ein anderes Datum trägt. Die Uhren hören nicht mehr auf zu ticken. Er hat die Mythologie zugunsten der Geschichte, das Zeitlose zugunsten des Gegenwärtigen verlassen. Kaum ist er sich dieser Zeitlichkeit bewußt geworden, da ist er auch schon ihren Gesetzen unterworfen – unruhig, empfindlich, verantwortlich und von nun an sterblich.

Vor kurzem noch war er Herr über sein eigenes Territorium. Nun wird er zu diesem Emigranten, der allen anderen gleicht – zu einem Herrscher ohne Krone. In ihm vollzieht sich der Übergang vom ptolemäischen zum kopernikanischen Zeitalter; er ist nicht mehr das Zentrum, um welches das Himmelsgewölbe angeordnet ist. Er ist ein Stern unter Myriaden von Sternen, einsam und verloren in der uferlosen Nacht der Weltenräume.

Auch von dem Urvertrauen, das ihm eigen war, ist er abgetrennt. Seine Empörung, sein Aufbegehren angesichts der Makel der geschaffenen Welt könnten, aus einer ganz anderen Logik betrachtet, die letzte Lanze sein, die er für den Kind-König bricht, der er gewesen ist, die letzte Ehre, die er ihm erweist, bevor er ihn für sehr lange Zeit auf dem Grund der Verliese seines Gedächtnisses im Stich läßt. Das Wissen des Instinktes und die Sehergabe werden ihm konfisziert. Fortan ist er dem menschlichen Wissen ausgeliefert, einem schwindelerregenden Abgrund, dessen Boden kein Lebender je erreicht. Jede Kenntnis verweist dort ständig auf eine andere, jede Entdeckung auf einen Schwarm von Fragezeichen; jede erklommene Anhöhe rückt den Horizont in weitere Ferne.

In dieser ungeheuren Unendlichkeit, in die auch er nun eintritt, gibt es herrliche Ernten, jedoch nie einen Sieg. Die »Heureka«-Rufe, die hie und da durch die Geschichte der Menschheit schallen, verkünden, daß dieser oder jener kühne Erforscher der Treibsände des Wissens auf einen Felsbuckel gestoßen ist und sich einen Augenblick dem himmlischen Glücksgefühl hingibt, daß er eine Stelle gefunden hat, auf die er seinen Hintern setzen kann. Wer in meiner Metapher irgendeine Verachtung für das menschliche Wissen sehen sollte, täte mir grausam Unrecht. Der Glaube an die Omnipotenz des Wissenschaftlers ist das Vorrecht der Tölpel, die bereits eine Borste für den Turm zu Babel halten. Das einzige Merkmal, an dem sich unter allen Lebenden diejenigen erkennen lassen, die das größte Wissen haben, ist die Bescheidenheit. Von Sokrates und seiner Erkenntnis: »Ich weiß, daß ich nichts weiß« bis hin zu Einstein, den die mikroskopisch kleinen und bruchstückhaften Vorstöße der menschlichen Wissenschaft in die Unendlichkeit der Schöpfung in seinem »Köhlerglauben« bestärkten, ist der Ton der gleiche geblieben.

Ist in ihm der unauslöschliche Durst nach Wissen einmal ausgebrochen – egal, wie groß der Umkreis seiner Untersuchungen sein mag –, so macht der junge Mensch

Bekanntschaft mit dem Wetterleuchten und den Stürmen von Lust und Begehren. Denn das Vergnügen des Gehirns – das Entdecken neuer Verbindungen, das Erforschen der Ursachen und der Wirkungen, das Flanieren durch die genialsten Denksysteme, die Eröffnung von ungeahnten Aussichten – und das Vergnügen der Sinne sind von ein und derselben Natur.

Die Lust, die das Erkunden eines Körpers und das eines Wissensgebietes erregen, unterscheiden sich kaum voneinander: die eine wie die andere ist scharf und unersättlich. Transportieren sie uns nicht während der ganzen Reise in Behältern, die sich ganz und gar gleichen – in zwei Fässern ohne Boden?

✳

Abgetrennt von dem, was er ganz am Anfang wußte, vertrieben aus seinem ersten Reich, seiner Unsterblichkeit und seinem Urvertrauen, sieht er sich jetzt bei lebendigem Leibe der Liebe ausgeliefert, die seine Gespaltenheit vollkommen macht.

Wir hatten den Adoleszenten als androgyn bezeichnet. Die Jugend verzweifacht ihn. Er/Sie ist fortan allein in seiner/ihrer Haut und verlangt verzweifelt nach dem Gegenstück. Vor ihm/ihr steht der/die »Andere«, andersgeartet und begehrt, Feind/in oder potentielle/r Geliebte/r. Objekt all seines/ihres Wartens. Vom Hunger gepeitscht, vom Mahlstrom des Begehrens erfaßt, erlebt er/sie künftig alle Schiffbrüche und alle Rettungen im Besitz dieses zweischneidigen Wunders: eines geschlechtlich geprägten Ichs.

✳

Seit Gott dem Ozean befahl: »Bis hierher sollst du kommen und nicht weiter; hier soll sich der Hochmut deiner Wogen legen« (Hiob 38,11), wiederholt sich ununterbrochen am grenzenlosen Saum der Strände, überall, wo die Möwen schreien und das Meer auf das Land stößt, die unendliche Geschichte von Lust und Begehren.

Mit dem Tosen seiner Flutwellen, mit der stillen Erwartung während der Ebbe, mit den wilden Gischten seiner Brandung, mit dem Strom des entfesselten Anrollens, mit den sanften Berührungen des Rückflusses liebkost, in jede Felshöhle hineinstreunend, Sand und Glimmer mitschwemmend und in jeden Spalt vordringend, das Meer mit seiner Zunge das Land.

Unzertrennlich, doch nie vereint.

Wie Mann und Frau.

✳

In den Fängen des gebieterischen Gesetzes, dem niemand entrinnt, in der unwiderstehlichen Knechtschaft der Reibung wiederholt jeder Körper mit seiner Haut und seinem Sinnentaumel die weltalte Gebärde des Begehrens.

✳

Natürlich ist nicht die Jugend im alleinigen Besitz der Liebe. Von der Empfängnis bis zum Tod ist die Liebe auf der ganzen Reise mit dabei. (Und es könnte durchaus sein, daß die einzelnen Alter des Lebens, die wir durchreisen, nur ihre aufeinanderfolgenden Häutungen sind.)

Die Jugend ist viel eher die Zeit jener Hyperästhesie, der überscharfen Wahrnehmung, die man dem Genuß bestimmter Drogen zuschreibt. In ihre Haut von geradezu durchscheinender Nacktheit wird alles mit unauslöschlichen Zeichen eingeprägt – das Beste und das Schlimmste, der Erfolg und das Scheitern, die Lust und der Schmerz, die erste flüchtig berührte Hand, die ersten um den Hals gelegten Arme, das erste gehaltene oder gebrochene Versprechen. Beängstigend, häufig unerträglich, stößt die

Schnauze der Sinnlichkeit ihre Emanationen, Wohlgerüche, Giftdünste und ihren bald heißen, bald kalten Atem aus.

Dann reitet, ermattet und erregt uns die Lust bis zur Glut und vollbringt jenes Wunderwerk, daß uns nichts von dem, was wir erleben, so intim, so unaussprechlich oder gar geheim erscheint wie das, was wir mit allem gemeinsam haben, was unter der Sonne kreucht und fleucht. Und es ist nur recht, daß das so ist. Denn die Heimlichkeit ist für Lust und Begehren, was für den Mutterbauch die schwarzdunkle Nacht ist. Zweifellos gibt es nichts Unheiligeres als das unverhohlene Reden über die Dinge der Liebe.

※

Diese Metamorphosen, diese »Separationen«, von denen hier die Rede war, bewirken eine totale Verfügbarkeit; eine tiefe Leere ist entstanden, in die mit einem mächtigen Sog gleichzeitig alles auf einmal hinabgerissen wird.

Die exzessive Empfänglichkeit der Jugend für alle Ideologien – ihr leidenschaftlicher Zulauf zu einem Meister, einer Gruppe, einem Klan, einer Schule, einer Clique, einer Partei sind die sichtbarsten Auswirkungen davon.

In dem weiten Experimentierfeld, das sich ihm eröffnet hat, kann der Jugendliche sich in eine Vielzahl von Personen hineinprojizieren, er kann sich wiedererkennen im Helden, im Narren, im Heiligen, in der Passionaria, in der Hure oder im Banditen und kann nacheinander tausend Kostümierungen anprobieren und wieder verwerfen. Nur der unfreundliche und empörte Blick des Erwachsenen bringt ihn in die Gefahr, sich in einer Rolle zu fixieren, sich auf eine Attitüde zu versteifen und sich rein aus Provokation zu ihrem freiwilligen Gefangenen zu machen. Die moralpredigende Einmischung beschleunigt auf fatale Weise viel mehr Entgleisungen als sie verhindert.

Eine Art karnevalesken Freibrief braucht die Jugend unbedingt, damit sie mit der Überfülle von Gefühlen und Empfindungen, die über sie hereinbrechen, experimentieren kann, um allmählich zu den Konturen ihrer Bestimmung zu finden.

Aber mindestens ebenso furchtbar wie das inquisitorische Eindringen in diesen Freiheitsraum wirkt sich die übertriebene Sorge gewisser Erwachsener aus, die in dem Wahn leben, sie müßten den jungen Menschen die Brandwunden des Scheiterns, der Irrtümer und Irrwege ersparen. Gibt es einen schlimmeren Fehler als den, einem Menschen, den wir zu lieben glauben, das Leben zu ersparen?

Wir haben bereits von den heilsamen Wirkungen der Krankheit gesprochen, von denen so viele unserer Zeitgenossen verlernt haben, den richtigen Gebrauch zu machen. Der Irrtum, der nach unseren Benotungssystemen ein so elendes Zeugnis erhält, verdient gleiches Lob und muß rehabilitiert werden. Er ist das Trampolin, von dem aus die Erläuterung und der Dialog aufspringen, das Forum, von dem aus die Fragen auf uns niederregnen. Er bringt den Geist in Schwung, gibt ihm die Peitsche und die Sporen. Die lähmende Angst vor dem Fehler und dem Scheitern ist der Kerzenlöscher unserer Gehirne. Was für eine schläfrige Welt haben sie uns beschert, diese Lob- und Tadel-Verteiler, diese Zeigefingerheber, diese zusammengekniffenen Hinterbacken der Feigheit! Wen wundert es, wenn der Jugend vor diesem geschneuzt, entlaust, gekämmt, pogewischt und geimpft direkt ins Haus gelieferten Leben (auf das sie sich auch noch etwas einbilden!) der Ekel überkommt? Was ist ein Leben, das nicht durch Irrtümer, Mißerfolge, Zweifel und tastende Versuche errungen wurde? Was wäre sein Wert? Worin läge sein Sieg?

Jede Generation wird sich aus eigener Kraft durchsetzen – oder überhaupt nicht.

*

Wie viele Male habe ich mich heimlich an die Festtafel geschlichen, die der Vater dem verlorenen Sohn spendiert! Alles ist mir dort so sonderbar vertraut. Die schwarzäugigen Dienstbotinnen sind geschäftig um den jungen Herrn bemüht. Ihre Gebärden, wenn sie ihm sein Glas nachschenken, sind Zärtlichkeiten und ihre nackten Arme sind Geschmeide für seinen Hals. In jedem Klirren eines Glases, in jedem Klappern eines Tellers auf dem Holz des Tisches läßt sich die vibrierende Dichte der aus der Zeit gelösten Augenblicke erkennen, die wie Kristall über den Köpfen hängen. Mißklänge bilden darin nur die betretene Miene des Bruders, der nicht in die Fremde aufgebrochen war, und der bittere Zug um seine Mundwinkel. »Was!« denkt er. »Für diesen Weiberhelden und Vagabunden, diesen Erbe-Verschwender hat mein Vater das fette Kalb geschlachtet! Für mich den täglichen Schweiß und die grobe Grütze! Für ihn den Festschmaus!«

Und am Kopf der Tafel sitzt der alte Mann; von den Speisen, die man ihm vorsetzt, hat er nichts angerührt; er kann seinen Blick nicht lösen von dem Sohn, der ihm soeben zum zweiten Mal geboren wurde.

Mit dem gleichen liebesverklärten Blick betrachte ich wiederum ihn, diesen Mann so recht nach meinem Herzen, diesen in die Mysterien des Irrwegs und Sichtreibenlassens eingeweihten Greis – den einzigen unter den Menschen, der die Bezeichnung Vater verdient.

*

Die Jugend ist die Phase des »Ausgebens«, der »Verschwendung« – in dem Sinn, wie Bataille den Begriff meinte, jener wahnsinnigen Freigebigkeit, für die die Natur im Frühling das Beispiel gibt. Von der Wolke von Blütenstaub, von den geflügelten, bewimperten oder mit einer Federkrone geschmückten Flugsamen, die die Bäume und Pflanzen, Gräser und Büsche aussenden, gelangt nur ein verschwindend geringer Teil zum Keimen.

Alles, was darauf abzielte, die Wirtschaftlichkeit und Verteilung einer ähnlich verschwenderischen Fülle in geordnete Bahnen zu lenken, wäre ein vergebliches, ja groteskes Unterfangen. Jugend und Sparsamkeit sind unversöhnliche Gegensätze.

Hier herrscht und triumphiert das, was sich der Faßbarkeit des Verstandes entzieht: das Gesetz der Gegensätze und die höchste Weisheit des Wahnsinns.

Dabei erwirbt nur derjenige Reichtum, der verschwendet, fährt nur derjenige Ernten ein, der großzügig gibt, erstarkt nur derjenige, der sich erschöpft, und erhält sich nur derjenige das Leben, der sein Ausbluten nicht unterbindet...

※

Der gleichen Logik der Leidenschaften, die mit so großer Unbeschwertheit das Prinzip von Kausalität und Vernunft einwickelt, umkrempelt und ausplündert, gehorcht auch der Aufbruch in die Ferne.

Seine Heimat erwirbt nur derjenige, der ihr den Rücken zukehrt.

Getrennt von allem, was er gewesen ist, weiß der junge Mensch instinktiv, daß er die Trennung bis zum Äußersten treiben muß, daß er »Schluß machen«, seine Zelte abbrechen und sich auf den Weg machen muß.

Noch der längste Umweg ist der kürzeste Weg, der zu seinem wahren Ich führt.

In dem Alter, in dem die Ziege des Monsieur Séguin aus Daudets berühmter Kindergeschichte Pflock und Zaun zum Teufel jagt, im Alter von Rimbauds »semelles de vent«, seinen »Windsohlen« und dem Motto: »Mit der Faust in der löchrigen Tasche, so ging ich fort« gibt es nichts, was das Weglaufen verhindern könnte. Anerkennung, Achtung, Rücksichten und Treue sind erst Entdeckungen der nächsten Etappe. Jede Blüte hat ihre Zeit.

Vor der mäßigenden Weisheit der Reife nun also die glühende Gnosis, die Dissidenzen, die Schismen, der Tornado!

Früher respektierte die Gesellschaft den Lockruf der Ferne und ritualisierte die Ortsveränderung in einem Brauch. Wo sind sie heute geblieben, die »Lehr- und Wanderjahre«, die »Walz« der Handwerksgesellen (jene in der deutschen Romantik wiederbelebten Bräuche, die nicht nur auf das Umherziehen der begnadeten Kathedralenbaumeister des Mittelalters, sondern bis auf das Ritual der Initiations-Reise aus ältester Vorzeit zurückgehen, das noch bei vielen Völkern fortlebt)?

Das Fortgehen ist schwierig geworden in einer Gesellschaft, die uns an der Haut klebt, uns bedrängt und schulmeisterlich bevormundet, die den furiosesten Sehnsüchten ihre zynischen Surrogate, ihre Ersätze, ihre merkantilen Abfälle anbietet und es fertigbringt, alles für Geld zu verkaufen, was früher nichts kostete: das Wetter, den Wind, die Sonne, den Traum, die Liebe oder die Flucht.

Dennoch – und das ist das Wunder – findet dieses Aufbrechen und Fortgehen, das allem gegen den Strich geht, immer noch statt.

Überall mehren sich jene alternativen Räume, in denen mit einer anderen Beziehung zur Welt, zu den Menschen, zur Natur experimentiert wird. Überall ist ein anderer Wind zu wittern. Was vom Exil bis zum Desertieren, von der gemieteten Bude bis zum nächtlichen Streunen, von der Indienreise bis zum Höllentrip, von den findigsten und reichsten Antworten bis zu den ratlosesten immer nur faszinierend sein kann, ist, daß wir in diesen vielfältigen und nunmehr wilden, unzivilisierten Versuchen jenen alten Pakt wiederfinden, der die Jugend an den Aufbruch bindet.

Nichts wie fort! Aber wohin?

»Verschwunden sind die Pferde – und die Landstraßen nicht minder...« klagt ein Zigeunerlied.

Egal!

Mit dem Stolz der Isabella Catholica (»Und wenn es die Kontinente, die du erobern willst, noch nicht gibt, so wird sie Gott, da er deinen Wagemut sieht, vor dir erstehen lassen«) machen sie sich trotzdem auf den Weg.

Wonach den jungen Leuten der Sinn steht, ist die Eroberung – und zwar ohne Furcht vor Irrtum oder Irrweg und weit entfernt von der schändlichen Unterdrückerparanoia der Konquistadoren – des noch unberührten Kontinents ihrer Würde als Männer und Frauen.

*

Wohin ihre lange und gefährliche Reise führen kann, illustriert nichts treffender als die wundervolle Geschichte von Rabbi Eisik Jekelsohn.

Im Ghetto zu Krakau, wo nur sein unerschütterlicher Glaube das nachtschwarze Elend seines Lebens erhellt, hat der Rabbi eines Abends einen Traum. Auf einmal sieht er sich in weite Ferne entführt bis nach Prag, wo er unter dem zweiten Pfeiler der Wenzelsbrücke einen beträchtlichen Schatz entdeckt.

Als zum dritten Male der nämliche Traum seine Nacht in Freudentaumel versetzt, hält es ihn nicht länger: Er schnürt sein Bündel, drückt Frau und Kinder an sein Herz und macht sich alleine auf den Weg.

Nach endlosen Wochen des Wanderns erreicht er mit blutenden Füßen die böhmische Hauptstadt. Groß ist seine Erregung, als er dort exakt die Örtlichkeiten aus seinem Traum vorfindet.

Die Brücke wird aber – leider! – Tag und Nacht von Wachposten abgeschritten. Der Rabbi kratzt sich am Kopf und mustert eingehend das Fundament seines ersehnten Pfeilers. Jeden Morgen kommt er wieder, weicht nicht von der Stelle und weiß immer weniger Rat.

Eines schönen Tages spricht ihn schließlich der Hauptmann der Wache an und fragt ihn nachtigallensüß, was er denn dort jeden Morgen zu suchen habe. Den Rabbi hält es nicht länger und er erzählt ihm, ohne Atem zu schöpfen, seinen Traum. Da bricht der Offizier in ein homerisches Gelächter aus.

»Armer Schwachkopf!« sagt er zu ihm. »So viele Werst weit bist du also gelaufen, um einem Traum nachzujagen! Denk dir nur einmal einen Augenblick lang, was geschähe, wenn auf Erden alle so verrückt wären wie du! Weißt du, was zum Beispiel ich neulich geträumt habe?«

Der Rabbi war hocherfreut, daß er nach so langer Enthaltsamkeit vom Krug der Worte endlich jemanden gefunden hatte, mit dem er reden konnte, und sagte zu ihm, daß er es gerne wüßte.

»Also, siehst du, seit drei Nächten höre ich eine Stimme, die mich auffordert, ich solle bis nach Polen, und zwar nach Krakau gehen, wo im finstersten Winkel des Hauses eines gewissen Rabbi Eisik Jekelsohn hinter dem Herd ... ja, hinter dem Herd ... ein Schatz versteckt ist!«

Und er unterbricht sich und hält sich den Bauch vor Lachen.

»Stell dir also einen Moment lang vor, auch ich würde mich auf den Weg machen! In dem Ghetto, wo sicher die eine Hälfte der Leute Eisik und die andere Hälfte Jekel heißt, würde ich alle Baracken niederreißen müssen, um auf meinen Schatz zu stoßen! Ha, ha! Mein Guter, glaube mir: Vergiß deinen Schwachsinn und kehr zurück nach Hause!«

Der Rabbi verneigt sich tief, dankt dem Hauptmann vielmals für seinen kostbaren Rat, bittet ihn, sich nun entfernen zu dürfen, und bricht unverzüglich zur Heimreise auf.

Nach einer langen Reise zu Hause angekommen, macht er sich eilends daran, im finstersten Winkel des Hauses hinter dem Herd zu graben. Und richtig – dort entdeckt er den Schatz, der seinem Elend ein Ende setzt und ihm gestattet, ein Bethaus zu bauen, das noch heute seinen Namen trägt.

✳

Was wir in weitester Ferne von uns suchen gehen, ist in uns selbst, im verborgensten Winkel unserer Höhle zu finden.

Aber das beunruhigendste und am schwersten zu umgehende Gesetz ist, daß diese Entdeckung erst am Ende des Weges auf uns wartet.

Wer es nicht gewagt hat fortzugehen, der wird keine Heimat haben, denn auf der Ebene des Mythos ist die kürzeste Strecke, die zwei Punkte miteinander verbindet – unsere Suche und unser innerstes Wesen – stets eine barock gewundene Arabeske.

Erwarten wir auf diesem Gebiet keine Hilfe von denen, die uns am meisten lieben und uns die nächsten sind. Sie können nichts für uns tun.

In weiter, sehr weiter Ferne, vielleicht zwischen zwei Gelächtern eines Fremden, werden wir erfahren, wo der Schatz unseres Lebens vergraben liegt.

Auf diese Weise enthüllt sich die lange und verrückte Irrfahrt der Jugend am Ende als eine rätselhafte Weisheit.

5

DAS ERWACHSENENALTER

Von nun an befinden wir uns auf der längsten Etappe der Reise, dem Alter des Erwachsenseins. In der vedischen Religion dauert es zweiundvierzig Jahre lang, vom einundzwanzigsten bis zum dreiundsechzigsten Lebensjahr, dem »Jahr des Großen Gipfels«, in dem der Brahmane, nachdem er der Gemeinschaft seinen Tribut gezahlt hat – er hat seine Söhne heranwachsen und es zu etwas bringen gesehen, seine Töchter verheiratet und ihnen die religiöse Tradition weitervermittelt –, sich nun »in Begleitung seiner Frau, sofern sie noch am Leben ist« zurückziehen und darauf vorbereiten kann, die irdischen Bande zu verlassen. Dies ist seine dritte Etappe. Wenn er sich bereit fühlt, tritt er in die vierte, in die des Sannyasin, ein und lebt fortan zurückgezogen an einem einsamen Ort oder er entscheidet sich dafür, von Dorf zu Dorf zu ziehen und von den Almosen zu leben, die man ihm aus freiem Herzen spendet.

Ich habe hier einmal den Verlauf seiner Erdenwanderung skizziert, um auf das eigenartige Licht hinzuweisen, das sie auf das Erwachsenenalter wirft.

Aus einem solchen Blickwinkel betrachtet, hört das hohe Alter auf, verflucht und gefürchtet zu sein, und stellt die Erhebung zu Gott dar, die jeder Pilger des Lebens mit seinen Wünschen und Gebeten herbeiruft.

Das Erwachsenenalter büßt bei weitem nicht seine Vitalität ein, sondern es gelangt zu einer unvergleichlichen Ausgeglichenheit. Die Zeit, die ihm vergönnt ist, wird nicht mehr in vergeblich und verbissen verteidigten Jahren des Aufschubs gezählt, sondern sie führt es zu einem Horizont, der von Furcht und Schrecken vor dem Niedergang nicht mehr verdüstert wird.

Dadurch nimmt es an Intensität zu.

Herausgerissen aus dem gegenwärtigen Dilemma, das dieses Alter zwischen einer grotesken Maskerade der Pseudojugendlichkeit und der krank machenden Angst vor der Senilität schwanken läßt, wird es zum privilegierten Ort von Fülle und Erfüllung.

Jene zweite Etappe, die uns – den Veden zufolge – von der Jugend zum »Großen Gipfel« führt, ist zweifellos nicht aus einem einzigen Block gehauen. Sie dauert sechs mal sieben Jahre (die in der hinduistischen wie in der chinesischen Zahlensymbolik sechs Lebenseinheiten und aus biologischer Sicht sechsmal die zur Erneuerung sämtlicher Zellen benötigte Zeit bedeuten) und hat ihre Gelenke und Scharniere, ihren Rhythmus und auch ihre Mitte – das Alter von zweiundvierzig Jahren, das Alter, in dem der Mensch eine erste Kenntnis der Gesetze und der Rhythmen erlangt haben sollte, die sein Schicksal bestimmen.

Die Entfernung, die den ganz jungen vom reifen Erwachsenen trennt, ist beträchtlich, gewiß. Jedoch sind die Elemente, die die Chemie seines Auf-der-Welt-Seins bestimmen, die gleichen: Handeln (Aktion), Leiden (Passion), Wissen und Macht.

Je nach der individuellen und zeitlichen Konstellation variieren in der Unendlichkeit der Kombinationsmöglichkeiten lediglich die Mischungen und Dosierungen.

Entlehnen wir uns die Bilder aus einer anderen Kosmogonie, so zeigt sich immer noch die gleiche komplexe Wirklichkeit: Im Hermeskult sind die Sphären des Lebens dem Aszendenten der Götter und der Sterne, dem kosmischen Spiel von Anziehungen und Entsprechungen unterworfen – Merkur und Wissen, Venus und Liebe, Sonne und Kraft und Glanz, Mars und Kampfgeist, Jupiter und Macht –, die abwechselnd die Bahn des Reifealters stören, beeinflussen und bestimmen.

✳

Als fahrendes Volk und Nomaden wollen wir diese beträchtliche Weite durchziehen und als Wilderer auf der Lauer nach unverhofften Glücksfällen unterwegs den einen oder anderen kühnen und durch Zufall vielleicht exemplarischen Coup riskieren.

Das Spiel der Kräfte, die sich dieses ausgedehnte Gebiet teilen, ihre Allianzen und ihre Antagonismen werden uns stärker binden als irgendeine räumliche oder zeitliche Trennung. Ähnlich wie uns ganz überraschend ein bestimmter Geruch oder Geschmack eine einmal bereiste Gegend hundertmal deutlicher als das gelehrte Ansammeln von Fakten und Daten wieder zurückbringt, kann es vorkommen, daß wir – wenn wir alle Evidenzen überspringen und spontan das zusammenfügen, was die Gewohnheit sonst trennt – unverhofft auf ein wunderschönes Panorama stoßen.

Daß uns etwas ganz nebenbei Erwähntes plötzlich eine Vielfalt anderer Dinge sichtbar macht – könnten wir etwas Besseres erwarten als dies?

Denn daß wir alle neuralgischen Punkte zugleich verfehlen, wenn wir mit heimlichen Stimuli unsere Phantasien wachrufen, ist wohl kaum möglich, es sei denn, der Teufel hätte seine Hand im Spiel!

✳

Das Erwachsenenalter hält die Zügel der Welt. Es ist unter allen Altersgruppen dasjenige, das die soziale und individuelle Realität der Gesellschaft und des einzelnen bildet, bestimmt und modelliert. Seine außergewöhnliche Handlungsfähigkeit verdankt es der Vereinigung der Kräfte, die sich in ihm vollzieht.

Wenn wir unser geomorphes Bild weiterspinnen, so tritt uns die Gestaltung seines Raumes deutlicher vor Augen.

Der Umstand, daß es um eines jener *Kraftzentren* angeordnet ist, die die alte Wissenschaft der Geomantie zur Errichtung von Heiligtümern bestimmte, läßt seine Lage sofort als außergewöhnlich erkennen. Aus allen Himmelsrichtungen kommend kreuzen sich die Straßen und vereinigen sich die Wasserläufe zu einem mächtigen Strom. Die Jugend entleert ihre aufgewühlten Fluten und ihre Schlammassen, ihre Kraft und ihre Instinkte in ihn, und die Reife läßt ihre tiefen Grundströmungen, ihr Können und ihr Wissen in ihm zusammenfließen.

Die so vereinten Wassermassen drohen das Land zu überschwemmen.

Das Schicksal des Erwachsenen wird sich in seinen Reaktionen auf diese Gefahr entscheiden. Alles hängt für ihn davon ab, wie geschickt er mit den antagonistischen Mächten spielt, die in ihm wohnen: auf der einen Seite die Inspiration, der Instinkt und die Leidenschaft, auf der anderen Seite das Wissen, die Technik und die Selbstbeherrschung. Im besten Falle erlauben ihm die Reserven, die ihm seine Geschicklichkeit, sein Erfindungsreichtum und seine Beobachtungsgaben schaffen, sich mit den Kräften der Natur zu verbünden und daraus allen Gewinn für sich zu ziehen. Beide gegensätzlichen Haltungen führen früher oder später zu seinem Untergang: sowohl die jugendliche Hingabe an den Tumult des Instinkts als auch der ausschließliche Wille zu brutaler Herrschaft. Genauso wie die jährlichen Überschwemmungen des Nils, geschickt in tausend Kanäle und Gräben geleitet, das lebendige Wasser und die kostbaren Nährschlammablagerungen, die es bei seinem Zurückfließen hinterließ, so weit wie möglich in das Niltal hineintrugen, steht es auch in der Macht des Erwachsenen, durch die Einrichtung eines reichverzweigten Verteilungssystems die unkontrollierbare Überschwemmung in eine belebende Bewässerung zu verwandeln.

Das brutale Zurückhalten der Wassermassen durch den Bau des Assuan-Staudamms, der eines der reichsten und stolzesten Flußtäler der Erde mit Unfruchtbarkeit schlägt, wäre ein Beispiel für einen Versuch in umgekehrter Richtung: nämlich allein durch technologische Kopfgesteuertheit den phantastischen Lebenselan zu unterdrücken, der auf das Reifealter zuströmt.

In diesen mitreißenden Balanceakten entwickeln sich unsere Schicksale, ihre Erfüllung oder ihr Scheitern. Denn in diesem Lebensland gibt es, wie die Tuareg sagen, Fehler, die man nur ein einziges Mal macht.

✳

Beim Verlassen der Jugend und dem Eintritt in das Alter der Reife wird uns unweigerlich eine Metamorphose überraschen: Die Art, wie die Welt aufgefaßt wird, ist nicht mehr dieselbe. Die Pfeile des Begehrens haben mitten im Flug auf einmal ihre Richtung geändert. Die fünf Sinne haben sich gewandelt. Einerseits werden sie feiner; es geht nicht mehr darum, alles auf einmal zu verschlingen, alles, was sich dem Gaumen bietet, hinunterzuschlucken, ohne zwischen den verschiedenen Geschmäckern zu unterscheiden. Andererseits beschränken und bündeln sie sich. Selektiv loten sie die Ankerpunkte aus, entdecken und wählen aus der Vielfalt der Möglichkeiten die Elemente, die für den Lebensplan von Nutzen sind, der von nun an bei jedem deutlichere Konturen annimmt.

Damit ist das Erwachsenenalter zugleich die Zeit, in der das Verlangsamen des Rhythmus das Genießen möglich macht (die Jugend kannte dagegen nur die ebenso rasch geweckte wie in ihr Gegenteil verwandelte Lust), sowie die Zeit, in der die Beschränkung unumgänglich ist – eine Beschränkung, die alles andere als beschneidend ist, sondern sich im Gegenteil für den, der sie vornimmt, gerade als die Voraussetzung für ein Mehr an Tiefe erweist.

Denn was der Erwachsene sich von nun an einzurichten hat, ist ein Ausschnitt der Wirklichkeit, der ihm allein gehört: eine Beschäftigung, eine Familie, ein Wissensgebiet. Aber jede Rolle, jede Aufgabe, jede berufliche Tätigkeit, der er seine Aktivitäten widmet, überschreitet, ob er es weiß oder nicht, ob er es wünscht oder nicht, weit die Grenzen seines persönlichen Geschicks.

Die von ihm gelebte, geschaffene oder ausgewählte Wirklichkeit ist, wie bescheiden sie auch aussehen mag, nie ohne Verbindung zu der ganzen Wirklichkeit, noch ohne Einfluß auf sie.

Sowohl das bewußte Wahr-nehmen dieser gegenseitigen Abhängigkeit zwischen Mikro- und Makrokosmos, auf der ursprünglich jede menschliche Gesellschaft gegründet ist, als auch die sich daraus ergebenden Konsequenzen bemüht sich einzig und allein unsere Zivilisation möglichst zu verwischen.

Der Hopi-Indianer dagegen *weiß*, daß ohne Anrufung die Sonne morgen nicht über der Welt aufgehen würde, und steht damit dem Zustand der Vernunft näher als unser Mitbürger, der davon überzeugt ist, daß sein Handeln nur ihn selbst betrifft. Diese kleine Paranoia, die sich in seinem Leben widerspiegelt, treibt die ganze Gesellschaft in Gleichgültigkeit und Un-Sinn; und so wird er zum zynischen und griesgrämigen Garanten ihrer Ordnung sowie zu ihrem verdüsterten Opfer.

Diese Bemerkungen, die manchen gewiß als ungereimt erscheinen werden, decken sich aber, in aller Bescheiden-

heit, mit dem ältesten intuitiven Gespür der Menschheit –
nämlich mit dem der Alchimie, der Kabbala, der zen-
buddhistischen Philosophie sowie der kosmologischen
Systeme aus der Antike: *Omnis est in omnia*. Die moderne
Physik bestätigt ihrerseits dieses fundamentale Einssein
des ganzen Universums, dessen sich jeder »Primitive« bewußt ist. Von Niels Bohr bis Werner Heisenberg wird
dasselbe Paradigma bestätigt: Die gesamte Wirklichkeit ist
nichts anderes als ein Gewebe von Wechselbeziehungen
und Ergänzungen. Es kann keine physischen Wesenheiten
geben, die nicht in irgendeiner Weise mit den anderen
zusammenhängen.

Wenn sich in jeder menschlichen Existenz sowohl die
Geschichte ihrer ethnischen Gruppe als auch das gesamte
Schicksal der Spezies wiederholt, wie könnte es dann auf
der Ebene des Geistes anders sein – und weshalb sollte
unsere Fähigkeit, uns die Welt vorzustellen, durch die
permanente Übertragung ihrer Energien nicht die Stütze
genau dieser Wirklichkeit sein?

Dabei spielt es keine Rolle, daß das Netz von Korre-
spondenzen zwischen dem Menschen und dem Universum, das in den archaischen Kulturen existierte und von
den Hochkulturen (Indien – China – Vorderer Orient –
Mittelamerika) noch dichter geflochten wurde, uns nicht
vertraut ist und daß die anthropokosmischen Entsprechungen, die für jede Handlung des Menschen gelten,
heute nicht mehr unser Dasein auf der Welt mit Freude
bereichern. Die Zeiten, als noch jede Tat sinntragend war,
als der kongolesische Schmied und der Zen-Kunstschrei-
ner die exemplarischen rituellen Gesten der Erschaffung
der Welt wiederholten, mögen im Bewußtsein von manch
einem noch so überholt sein – und doch leben sie, ohne daß
wir uns dessen bewußt sind, selbst in der prosaischsten
Alltagswirklichkeit weiter.

Was wir, jeder für sich in der Enklave seiner Existenz, sind, findet sich in der Wirklichkeit der Gesellschaft reproduziert.

Die »Jobs«, die wir in vielen Fällen an die Stelle von Berufen, »Metiers« und »Handwerken« gesetzt haben, die »familiären Belastungen«, die häufig Heim und Herd ersetzt haben, das Delegieren unserer individuellen Verantwortungen an »Fachleute« der Macht (Wahlsystem, Unternehmensführung und »Management«, ärztliches Versorgungssystem etc.) – all dies ergibt zusammengenommen das exakte Bild der Konfiguration unserer Gesellschaft.

Die Verantwortungslosigkeit eines jeden bestärkt in gleichem Maße die Verantwortungslosigkeit der Allgemeinheit, wie zweifellos die aktive Verantwortung einiger weniger im Verborgenen der Welt noch ihren täglichen Sonnenaufgang sichert.

*

Der Erwachsene läßt in einer brennenden Lust, sich aktiv zu betätigen, seine Träume das Kap der Wirklichkeit umsegeln, er formt, bildet und gebärt (Kinder, Werke, Pläne). Seine Fähigkeit, sich mit Leib und Seele mit seiner Aufgabe zu identifizieren, liefert ihm die Mittel dazu.

Während die Jugend sich in ihren zahlreichen Ansätzen und Annäherungen übte und die verschiedensten Rollen zu spielen versuchte, entscheidet sich der Erwachsene für einen bestimmten Raum und ein bestimmtes Wissensgebiet. Üblicherweise beginnt nun für ihn ein langwährender Prozeß: die Vertiefung sowohl der Gesetze seines Klans oder seines Berufsverbandes als auch der zu bearbeitenden Materie und der zu erfüllenden Aufgabe.

Eine anhaltende Aufmerksamkeit, eine Art aktive Meditation verleihen ihm die einzige wahre Macht, die er anstreben kann: nicht diejenige, die Dinge zu regieren, sondern sie zu durchdringen, sie bis ins Innerste kennenzulernen und sie zu erkennen, um sie nach seinen Wünschen auszurichten. Die traditionellen Berufe – vom bescheidensten bis zum stolzesten –, in denen es um einen Gesamtzusammenhang, ein geschaffenes Objekt, einen Gebrauchsgegenstand, eine von Anfang bis Ende ausgeführte Handlung geht, illustrieren am besten diese Magie der Identifikation.

Mein Großvater, ein Kunstschreiner, der mit Vorliebe das Holz verarbeitete, das er an Ort und Stelle selbst ausgesucht hatte, reiste regelmäßig bis nach Transsylvanien, um mitten im Wald mit der Eiche, aus der er seine Kommode bauen oder seine Tür schnitzen würde, die Zwiesprache zu beginnen, die sich an seiner Werkbank fortsetzte.

Machte ihn seine Begeisterung bei der Sache nicht mit Michelangelo verwandt, der nach Carrara ritt, um dort seinen Marmorblock auszusuchen?

Nicht ohne Grund wurde ich in der düsteren Absteige von Lyon, wo er auf der Flucht vor der Verfolgung durch die Nazis an dem Leid gestorben war, das ihm sein Land zugefügt hatte, tief ergriffen, als ich mit meinen Kinderaugen entdeckte, daß er unter seiner weißen Mähne wie Gottvater aussah.

Dieser im eigentlichen Sinne magische Prozeß, der eine Identität zwischen dem Schöpfer und dem Objekt, zwischen dem Handelnden und seinen Handlungen herstellt, tritt in unterschiedlichen Graden in jeder menschlichen Aktivität zutage – ganz gleich, ob sie häuslich, manuell, handwerklich, technisch, intellektuell, wissenschaftlich oder religiös ist.

Wenn er mit Leib und Seele in einer Aufgabe aufgeht, wenn er sich selbst völlig aus den Augen verliert, begibt sich der Mensch sogleich dorthin, wo sein wahrer Platz ist – nämlich im Herzen der Dinge, überall und nirgends, hier und außerhalb der Zeit, in seinem eigenen Innern und in jedem anderen Wesen.

Diese nahezu alltägliche Erfahrung, der niemand ganz entgeht, ob er sich dessen bewußt ist oder nicht, ob er ihre vertraute Fremdheit spürt oder nicht, ist schlicht mystischer Natur.

Schlimm wird es jedoch, wenn diese Verzauberung – die so schöpferisch wirkt, wenn sie den Menschen und sein Handeln einem Ziel verschreibt – in unserer Gesellschaft das Individuum durch Tätigkeiten entfremdet, die dem Leben schaden und, indem sie es zerstören, früher oder später auch ihn zerstören werden. In einer Welt von Bruchstückarbeit, von Beschäftigungen ohne Perspektive und Verantwortung erzeugt die fatale Identifikation, die sie auslösen, lauter zersplitterte Ichs. Wer an der Produktion von Dingen beteiligt ist, von denen man von vornherein weiß, daß es sich um Schund und Klump und Müll für die große Halde handelt (wie bei der überwiegenden Mehrzahl unserer Industrieprodukte), kann die düsteren Schatten aus seinem Gesicht und seinem Schicksal nicht vertreiben.

Wird es auf diese Art gelebt, so ist das Erwachsenenalter nur eine unglückliche und unfreiwillige Enklave, aus der uns schließlich die Rente abgenagt, verbraucht und gebrochen hinauswirft. Wie sollte es da wundern, daß diese Jahre von tiefen Krisen (oft als »Midlife-Crisis« verharmlost), von Trennungen, Depressionen und überraschenden Todesfällen so stark erschüttert werden? Dies alles sind nichts als Rebellionen der Seele gegen die erlittenen Verstümmelungen.

✳

Diese unheilvolle Besessenheit anstelle einer schöpferischen Identifikation ist um so gefährlicher, als derjenige, der ihr zum Opfer fällt, im allgemeinen davon überzeugt ist, er sei vollkommen *normal*. In dem Wahn, er bewege sich als freier Mensch in *der* Realität, folgt er unablässig den gleichen Gleisen, durchläuft jahraus, jahrein den gleichen täglichen Trott, die gleichen Schaltkreise des Gehirns, wiederholt die gleichen Bewegungen, als ob die Vernunft persönlich ihm sein Verhalten diktieren würde. Er glaubt zu den Dingen des Lebens die korrekte Distanz gewahrt zu haben, die die Konventionen erfordern, und je größer diese Distanz ist und je mehr sie ihn dazu führt, daß er wie ein Fremder auf Erden wandelt, desto mehr beglückwünscht er sich. Wovon er sich in Wahrheit distanziert hat, ist seine wichtigste Forderung – nämlich sein Anspruch darauf, in seiner Tätigkeit und seiner Existenz einen Sinn zu finden.

Indem er, um vorläufig überleben zu können, von nun an zu den verschiedensten Ersatzbefriedigungen gezwungen ist, sei es materiellen (Geld, Konsum, Anhäufung von Gegenständen), sei es ideellen (gesellschaftliche Stellung, Beförderung, Titel), entfernt er sich mehr und mehr von seinem innersten Wesen und sucht sich beständig und verbissen dort, wo er nicht ist. Eine allgemein verbreitete und pathologische Form, die beim Erwachsenen das unwiderstehliche Verlangen annimmt, sich mit seiner Aufgabe zu identifizieren, ist die, daß er sich bis zur Besinnungslosigkeit mit tausend künstlichen Aktivitäten besäuft. Diese akute »Aktionitis«, die besonders zerstörerisch ist, wütet vor allem unter Führungskräften und Politikern.

Genau sie, diese unheilvoll Hypnotisierten und von ihrer Scharfsicht Überzeugten, diese geschäftigen Mistkäfer, die immer ein und denselben Kotballen vor sich her rollen, sind es, die unsere Gesellschaft lenken, gängeln und be-

stimmen. Sie – insbesondere die Generation der Vierzig-
bis Sechzigjährigen auf dem Gipfel ihrer Macht und ihrer
Obsession – sind es, die in uneingeschränkter Straflosig-
keit (denn das Justizwesen liegt in ihren Händen) schamlos
die natürlichen Ressourcen ausbeuten, lastwagenweise den
Müll ihrer Megatechnologie über die Welt kippen, die
Kindheit und Adoleszenz ausplündern, indem sie ihnen
gezielt ihre zynischen Märkte öffnen, und die Minderheiten aus den Entscheidungszentren vertreiben und ihre Existenz zerstören.

Den makabren Anmarsch ihrer Golems gilt es zu stoppen, oder, vielleicht noch besser, ihnen unter schallendem
Gelächter auszuweichen.

*

Gibt es aber nicht heute so gut wie gestern und morgen
immer noch viele, die ihr Denken und Handeln einem Ziel
verschreiben, in dem Verantwortung, Demut vor der
Schöpfung, Miteinander und Sinn für Glücklichsein wahre
Wunder wirken – jene Männer und Frauen, die, wie es in
einem Gedicht von Borges heißt, alle auf ihre besondere
Weise mit einer manchmal nur winzigen Geste – »ein
Gedicht lesen, ein Kind streicheln« – »ohne daß sie es
wüßten, dabei sind, die Welt zu erretten?«

Seitdem ich mit einem freudigen und beherzten Sprung
den Sumpf des Jammergeschreis verlassen habe, begegne
ich ihnen überall auf Schritt und Tritt. Entdecke ich sie
vielleicht deshalb instinktiv sofort, wenn sie irgendwo an-
wesend sind, weil ich auch zu ihrer Spezies gehöre? Der
Stieglitz, den ich neulich beobachtete und der in dem
Labyrinth von Ästen und Laub des großen Parks gerade-
wegs in die Rotglut eines Ahorns flog, in dem, wenn auch
stumm, ein anderer Stieglitz saß, brachte mich auf den
Gedanken, daß nur ein plötzlich gezogenes, unsichtbares

119

Band sie so prompt miteinander verbinden konnte. Mein müheloses Aufspüren von anderen Lebensvernarrten ist vielleicht von ähnlicher Natur. Als Beispiel nenne ich nur die Frauen, die so zahlreich um mich herum die gleichen Botschaften wahrnehmen – diejenigen, die sich dafür entschieden haben, auf eine ihnen gemäße Art *draußen* und weit entfernt von den Hanswurstiaden von Leistungskampf und Macht aktiv zu sein, nicht weniger als die anderen, die sich den ideologischen Sticheleien zum Trotz für den häuslichen Herd entschieden haben. (Ich liebe dieses Wort mit seinem Duft nach Tempel und Vestalinnen!) Wie unendlich weit ist dieser erwählte und umhegte Ort entfernt von seiner häßlichen Karikatur – der ererbten, strafenden, erduldeten, tristen Knechtschaft der Hausfrau! Tag für Tag neu erfunden, gestaltet die häusliche Ordnung, wenn sie aus der Lust geboren ist, den Alltag, ritualisiert die Feste und Jahreszeiten, feiert die Gegenwart eines jeden, ob groß oder klein, pflegt die Stätte des Traumes und der Zärtlichkeit, des Lachens und des Schweigens und verwaltet ihr kostbarstes Gut: einen eigenen Rhythmus, eine beherrschte Zeiteinteilung. Überall wohlverstreut gepflanzt, sichern diese unzähligen Baumschulen der Welt ihren Fortbestand.

✳

Sollte ich nun, da ich endlich zu dem Ort gelangt bin, wo ich dieses Buch schreibe – nämlich zu meinem eigenen Alter der Reife –, meinen Lesern nicht eine freundschaftliche Verschnaufpause gönnen und einfach von dem Körper sprechen, den ich heute bewohne? Seit kurzem habe ich mir die Zeit genommen, auf der Welt zu sein, und die »ernsten Dinge«, die mich zu verschlingen drohten, verbannt. Zwei Privilegien waren mir dabei von großer Hilfe: zum einen ein Leben auf dem Lande, ausgefüllt mit lauter alltäglichem »Kleinkram« (den Tagen, den Nächten, den Jahreszeiten, der Saat, der Blüte, dem Welken, dem Wind, der Sonne, dem Regen etc.), zum anderen eine von nun an mühelose und stabile Anstellung, die durch nichts bedroht ist, da ich sie mir selbst geschaffen habe und sie mir wie jeder vernünftige Mensch – außer im Falle extremer Inkompetenz – nicht selbst kündigen werde.

✳

Körper als Freund, Körper als Bekannter, Körper der Reife – mein Körper. Gestaltet durch den langen zurückgelegten Lebensweg – durch die Liebe, die Anstrengungen, die Mutterschaften, die Auseinandersetzungen bis aufs Messer, die Verzweiflungen, die Krankheiten, den Streit, die Hochgenüsse –, lese ich in ihm wie in einem offenen Buch. Endlich habe ich aufgehört, um ihn herumzustreunen, und ihn mir zum Wohnsitz gewählt. Seine Kraft begeistert mich heute noch genauso wie früher, ich akzeptiere die hellen und dunklen Metamorphosen, die das zunehmende Alter in ihm vornehmen wird. Unsere Freundschaft ist unverbrüchlich und besiegelt. Ich werde ihn nicht verraten und werde ihn bis zum letzten Zucken begleiten. Von nun an bin ich mit ihm ein Leib und eine Seele.

✳

Lange Zeit hatte ich das Gefühl, ich bestünde aus lauter Einzelteilen, die sich unmöglich ineinanderfügen ließen, aus Hölzern, die nicht von der gleichen Fällung stammten und in unterschiedlichen Stadien der Trockenlagerung gleichzeitig verarbeitet wurden, so daß sie ständig aufquollen, sich verzogen und an ihren Fugen brachen.

Wenn ich mir heute seine Nut- und Federnahtstellen betrachte, dann habe ich das Gefühl, daß ich meinen Körper zu Unrecht für das Werk eines Pfuschers gehalten hatte. Die Zeit ist ein geschickter Handwerker.

✳

Um der Frage nachzugehen, was die Ursachen dieses Wandels waren, lasse ich, wie andere ihre Gedanken, aufs Geratewohl meine Feder schweifen. Dabei lenkt sie mich auf alte Bilder von Krieg und Frieden.

✳

Verschiedene in meinem Körper vorhandene Parteien kämpften gegeneinander um die Hegemonie. Der Intellekt führte Krieg gegen den Instinkt, das angeeignete Wissen kreuzte die Klinge mit dem ahnenalten Gedächtnis, der analytische Geist trotzte dem »Herzen«, das politische Bewußtsein der Vorliebe für unmittelbares Glücklichsein, der Kampfgeist einer unwiderstehlichen Lust, zu kapitulieren.

Bald entschied ich mich für eine der vorhandenen Parteien, und ihr Sieg gewährte mir einen Augenblick lang Waffenruhe. Bald unternahm einer der Besiegten eine gewaltsame Rückkehr zur Macht, und schon war es um mein Gleichgewicht geschehen. Die einzige Instanz, die in der Lage war, zwischen den kriegführenden Parteien Friedensverhandlungen einzuleiten, war eine, auf die ich nicht zurückgriff und die ich, entgegen unseren heutigen Idiomen, wagen würde, als Seele zu bezeichnen.

Damit meine ich, abgesehen von ihrem noblen und religiösen Sinn, insbesondere jenen Antrieb, der uns durchströmt, die gewohnten Kommunikationssysteme von Geist und Vernunft stört und in uns die überraschende Verschmelzung der unterschiedlichsten Prinzipien ermöglicht. Von dem Augenblick an, als ich ihm freien Lauf ließ, organisierten sich die Streitkräfte, die bis dahin auseinanderstrebten, sofort zu neuen Konstellationen. Die Widersprüche hörten auf, mich zwischen sich zu zerreißen, und vereinten sich untereinander zu höchst überraschenden Bündnissen. Das war der Beginn einer anderen Epoche.

✻

In diesem Alter hat die souveräne Weisheit, die nicht mehr auf eine Einflußnahme auf die Welt abzielt, sicher nicht Saison. Weit davon entfernt, die Spannungen zu lockern, ordnet das Alter der Reife sie zu einem reichen und schwingenden Gewebe. Allmählich treten Zusammenhänge zutage, die bis dahin unsichtbar waren. Ich ahne bereits, daß die Prüfungen, so grausam sie auch sein mögen, uns nie begegnen werden, um uns zu vernichten, sondern um unsere Sinne für andere Welten der Wahrnehmung zu wecken. Ihre Härte wird dadurch freilich nicht gemildert. Wie viele Katastrophen, wie viele Verzweiflungen werden trotzdem noch durchzustehen sein! Diese endlosen Zeiten, in denen wir glauben, uns nie mehr mit der Welt versöhnen zu können, in denen alles nach Asche schmeckt, in denen uns selbst unser eigener Name so unerträglich in den Ohren klingt wie jene Namen übler Begegnungen, die uns verhaßt im Herzen brennen! Ebenso unerträglich wie das Scheitern oder das Drama ist manchmal auch die Übellaune, die uns heimsucht. Alle Tore schließen sich in uns. Die Scharniere und Schlösser knirschen – und das schlagende Einrasten der Verriegelungen, wenn der Schlüssel sich umdreht, läßt uns als Gefangene unserer Körper zurück, uneinnehmbar für die geringste Hoffnung, verdorrt wie ein toter Fötus in einem toten Mutterleib.

Aus dem tiefsten Grund der Aussichtslosigkeit – immer auf dem tiefsten Grund, nie auf halbem Wege! – erwarten uns jedoch die atemberaubendsten Begegnungen. Manchmal ist es unser alter Dämon der Heiligkeit, der uns befällt, genau jener, den wir als Kind in der Angst oder im Hochgenuß erkannt haben und der seither beim Rendezvous des Eros und der Liebe hervorspringt.

Manchmal begegne ich ihm auch wieder beim Blättern in einem Buch – in der Bibel, in den Upanishaden, im Sohar, im Tibetischen Totenbuch oder bei einem Dichter. Es genügt bereits ein Satz, den ich zuweilen nicht einmal verstehe – und schon jagen mir die Ameisen einer eigenartigen Ekstase in die Beine. Mein Körper wird zum Kristall, den bereits die geringste Berührung, das flüchtigste Streifen zum Klingen bringt. Diese Bewußtseinszustände blühen wie die Lotosblüten im Sumpf nur auf dem Morast der Leiden.

Ich versuche nicht mehr im mindesten den Dingen auszuweichen. Vor nichts mehr packt mich der Widerwille. Das Tragische, das Scheitern, die Melancholie, die Krankheit, der Tod sind die siamesischen Zwillinge des Glücks, der Gesundheit, des Jubels und des Lebens. Sich nur eines davon auszusuchen, ist nicht möglich. Man muß *alles* nehmen.

Selbst wenn mir der Sinn dessen entgehen sollte, was ich gerade durchlebe, wird er mir schließlich sehr viel später, irgendwann eines Nachts, immer einleuchten. Nie mehr verläßt mich ein sonderbar hartnäckiges und stures Vertrauen, das unmöglich durch die Vernunft zu erschüttern ist.

Ist es das ferne Echo jener Stimme, die dem armen Bauern von Ludwig Anzengruber zuraunte: »Du hast nichts zu fürchten. Selbst fünf Fuß unter der Erde hast du nichts zu fürchten.«?

＊

Es geschah nicht ohne Grund, daß ich dieses Buch schreiben wollte, als ich genau an diesem Punkt meines Lebens angelangt war.

Wenn ich etwas von meinem Vorhaben erwähnte, bekam ich häufig die Entgegnung zu hören: »Warten Sie doch lieber erst, bis Sie achtzig sind, damit Sie sich auskennen in Ihrem Thema.«

Ich bin jedoch vierzig Jahre alt und glaube, daß ich mit diesem Alter die richtige Wahl dafür getroffen habe. Ich habe eine weite Strecke hinter mir, und der vor mir liegende Weg ist noch lang. Ich habe Zeit, das Blut der Zeit in meinen Adern.

Nie war ich bewußter, leidenschaftlicher lebendig, geistig klarer, körperlich kühner – all dies im Rahmen meiner Möglichkeiten, versteht sich.

Wozu sollte ich noch warten? Habe ich nicht hundertmal die Feststellung gemacht, daß das, was die Erfahrung mir nicht schenkte, mir die Intuition heimlich zustecken würde wie jene kleinen Zettel, die mir meine Freundinnen France und Marie-Louise unter die Schulbank schoben, wenn die Latein-Übersetzung ihre unüberwindlichen Barrieren vor mir aufbaute?

Außerdem machen mir die Dummheiten, die mir entwischen könnten, kaum angst. Ich kann mir ein mitfühlendes Lächeln für sie nicht verkneifen. Denn selbst wenn sich die eine oder andere meiner Bemerkungen als total absurd herausstellen sollte, so wäre sie deshalb doch nicht weniger wichtig – nicht trotz ihrer Absurdität, sondern gerade *wegen* dieser Eigenschaft. Wenn der amerikanische Autor Sam Keen schreibt: »Gott liebt die Heiligen, die Marienkäfer und die Verleger«, oder wenn Kierkegaard vermutet, daß die Kaminkehrer die vollkommensten Repräsentanten der menschlichen Rasse seien, dann wird selbst der trägste Geist unweigerlich in Bewegung gesetzt. Erhält der Zen-

Schüler nicht in dem denkbar ausgefallensten Augenblick, wo er seinen Meister über den Flug eines Vogels befragt und als einzige Antwort eine schallende Ohrfeige erhalten hat, endlich die Erleuchtung? Was hätte ich also von meinen Schnitzern zu befürchten?

Mit achtzig Jahren und mehr, wenn ich mich anschicke, »den Weg nach den Sternen einzuschlagen«, wie es in der schönen Formel der Katharer heißt, bin ich nicht sicher, ob ich noch einen Stift und Tinte besitze – oder überhaupt Lust haben werde, sie zu benutzen. Werde ich dann nicht ganz tief im Fieber der Reise stecken, an die ich mein ganzes Leben lang gedacht habe?

✳

Und wer sagt mir überhaupt, daß ich in zwanzig Jahren noch tagelang an meinem Tisch sitzen und mit vieler Mühe so widerspenstige, so eselstörrische Worte aneinanderreihen kann? Wer sagt mir, daß sich morgen nicht die Reihenfolge der Dringlichkeiten umgekehrt haben wird und daß ich es noch menschenwürdig und akzeptabel finden werde, sitzen zu bleiben und Papier zu bekritzeln, wenn draußen der Wind nach mir ruft?

✳

Wie lassen sich die subtilen Metamorphosen des Erwachsenenalters erklären? Es gab eine Zeit, in der ich mindestens eine neue Liebe oder die Ankündigung eines bedeutenden Erfolges brauchte, um mich in Hochstimmung zu versetzen. Die großen Ereignisse haben zwar immer noch ihre mächtigen Wirkungen auf mich, aber es zeigen sich bereits auch andere Wunder, die ich noch vor kurzem nicht einmal bemerkt hätte.

Heute... heute pfeift der Wind durch die Ritzen der Fenster und durch die langen Gänge meines Hauses. Ich kenne genau die Stellen, an denen er seinen Atem ansetzt und hineinbläst; manchmal denke ich daran, sie abdichten zu lassen. Aber wer ersetzte mir dann meine Orgeln der stürmischen Tage? Wo bliebe das rauhe Lied, das auf der ganzen Welt der Wind allein in mein Haus weht? Allmählich begreife ich Oblomows alten Diener, der sich, als er von seinem Herrn beauftragt wird, die Wanzen zu töten, die schwindelerregende Frage stellt: Was wäre ein Schlaf ohne Wanzen?

Es gibt einen bestimmten Bewußtseinszustand, in dem diese harmlosen Fragen ohne Vorwarnung ganz eschatologische Abgründe aufreißen.

Allmählich wandelt sich alles. Mir fällt zum Beispiel auf, daß das Besuchen von Museen (ohne daß mein Eifer darin nachgelassen hätte) die Bedeutung verloren hat, die es einmal für mich hatte. Die Meisterwerke waren – wenn ich mir einmal einen Barbarismus erlauben darf – die Brille, die ich aufsetzen mußte, um sehen zu können. So viele Ansichten, so viele Gotteserscheinungen. Ein Baum! Eine Toreinfahrt! Ein zerknitterter Brief! Ein Gesicht! Wo suchten diese genialen Künstler nach diesen Wunderdingen?

Heute bedarf es für mich nicht mehr der *maestria* eines Chardin, damit ich auf dem Tisch, den die Gäste verlassen haben, die Schönheit eines in Falten geworfenen Tischtuchs entdecke.

*

Je mehr die Tage vorüberziehen, desto weiter gehen mir die Augen auf. Desto mehr offenbaren sich mir die tausend kostbaren Bilder, die mein Blick sich alleine rahmt – einen rotbäuchigen Dompfaff zwischen den Bäumen einer Allee, eine Wolke über einem Dach, die Männerhand, die mein Glas nachfüllt.

Wie kann ich also angesichts solcher Perspektiven wissen, ob und wieviel Lust ich später zum Schreiben haben werde? Wenn die Lust an der reinen Begegnung mit den Dingen die Jagd nach den Ereignissen abgelöst hat – was wird mir dann noch ein Buch bedeuten?

Heute, wo ich noch weit entfernt bin von solchen Sichtweisen, obwohl ich ihre prächtigen Entfaltungen ahne, bin ich noch dieser öffentliche Marktplatz, auf dem alle Alter des Lebens sich versammeln und ihren Sabbat feiern: das ernste und selige kleine Kind, die freche Göre, die Heranwachsende in der Pubertät, die über ihre zu langen Beine stolpert, das ständig vor Ungeduld fiebernde junge Mädchen, die ebenso rebellische wie zur Kapitulation bereite Erwachsene, die alte Frau, die ich morgen sein werde und die Tote irgendwo in den Galaxien; alle auf einmal in lebhaftem Durcheinander. Ich bin die Mutter und die Tochter. Eine in mir ist begeistert von meinen Kühnheiten und bildet sich noch auf meine schlimmsten Torheiten etwas ein – das ist meine helle Mutter. Eine andere hebt tadelnd den Zeigefinger und schüttelt traurig den Kopf – das ist meine dunkle Mutter. Eine kleine Hand zupft an meinem Rocksaum. Eine andere legt mir die Hand auf den Mund, wenn ich spreche, damit ich endlich mit ihr spielen komme – das sind die kleinen Töchter, die ich gewesen bin und auch die, die ich nicht bekommen habe.

Wahrhaftig das schönste Durcheinander! Kein Zweifel: Die Zeit ist reif für mein Vorhaben.

✳

Rufen wir uns noch ein weiteres altes Geheimnis wach, das wir unbedingt mit in das Proviantgepäck unseres Erwachsenenalters stecken müssen: die Kunst, sich Rasten zu gönnen.

Die Rückzüge müssen wie die Satzzeichen in einem Text dem Leben seinen Rhythmus, seinen eigenen Atem geben. Man kann sich nur alleine auf den Weg machen, in die Ferne oder in ein geschlossenes Zimmer, um dem zu lauschen, was uns die Stille sagt (und dazu nehme man höchstens ein Buch mit, aber eines von jener Sorte, die man, wenn man sie gelesen hat, am liebsten in die Ecke wirft – um dann zu *leben*!). Dies sind die Rendezvous, die wir mit uns selbst einhalten sollten.

✳

Ein junger Bauer verliebt sich in ein Mädchen, das mit nackten Füßen in sein Dorf gekommen war. Die Anmut und das Lachen des Mädchens verzaubern ihn. Er muß ihm versprechen, daß er, wenn er es heiratet, nicht versucht herauszufinden, woher es kommt, und daß er es einmal im Jahr für ein paar Tage alleine fortgehen läßt. Er achtet den Wunsch des Mädchens. Beide sind glücklich miteinander. Kinder werden ihnen geboren, ihre Kühe kalben jedes Jahr, ihre Ernten sind prächtig. Eines Tages juckt ihn jedoch die Neugier. Er hält es nicht länger aus – und folgt seiner Frau heimlich in den Wald. Er überrascht sie dabei, wie sie im Reigen mit den Elfen, ihren Schwestern, tanzt. Durch diesen Bruch seines Versprechens verliert er sie – sie zerfließt zu einem Nebelschleier.

Die Liebe und das Zusammenleben sind immer an ein solches Gelöbnis geknüpft. Von seiner Einhaltung hängt die Qualität unserer Partnerschaften ab.

Machen wir einen Ausflug, wenn es an der Zeit ist, und lassen wir auch – ohne lange zu fragen, wohin und wozu, aber fest vertrauend auf die Rückkehr am versprochenen Tage – diejenigen ziehen, die wir lieben.

Auf diese Weise verlernen wir nicht die Sprache des Landes, aus dem wir gebürtig sind und wohin uns der Tod wieder führt. Woraus könnten wir sonst unsere Kraft und unsere Gewißheiten schöpfen?

✳

Eine letzte Geschichte von Liebe und Wasser führt uns zu einer ähnlichen Rast:

Es war einmal ein sehr mächtiger Mongolenkaiser. Nachdem er die Grenzen dessen, was die Götter den Menschen gewährten, so weit wie möglich ausgedehnt hatte, sehnte er sich danach, sein Haupt vor einem zu beugen, der noch mächtiger war als er selbst. Da er in fünfzig Jahren der Herrschaft ganze Völker wie Schachfiguren hin- und hergerückt, die schrecklichsten feindlichen Heere wie Getreide umgemäht und Berge, die bis in den Himmel stießen, eingeebnet hatte, um seine Städte, seine Straßen und seine Paläste zu bauen – da kam ihm, als er von den Zinnen seines Jadeturms herab den Fluß des Ganges betrachtete, eine Idee: Noch mächtiger als er wäre wohl der Mann, dem es gelänge, den Lauf des heiligen Flusses umzukehren und von der Mündung zur Quelle zurückzuleiten.

Er beschloß, diesen Zauberkünstler im ganzen Reich – oder, wenn nötig, auf der ganzen Erde – suchen zu lassen.

Unverzüglich schickte er tausend Mamelucken nach allen Himmelsrichtungen auf Rossen, so schnell, daß selbst der wildeste der Winde im Vergleich zu ihnen reglos schien.

Aus dem tiefsten Abessinien, aus China und aus Kaschmir brachten sie Wahrsager, Schamanen, Sterndeuter und Hexenmeister zurück.

Doch keiner brachte es fertig, auch nur für einen kurzen Augenblick den Lauf des Ganges umzukehren.

Da begann dem Kaiser einzuleuchten, wie unmöglich die Aufgabe zu erfüllen war, die er ihnen gestellt hatte, und er verfiel in eine tiefe Schwermut.

Gegen seinen Willen zu der Erkenntnis gezwungen, daß er der mächtigste Mann auf Erden war, konnte er in der Bestürzung seiner Seele besser als jeder andere ermessen, wie lächerlich die Macht ist, die die Götter ihren Geschöpfen gewähren. Nichts mehr fand Gnade und Gefallen vor seinen Augen. Kotwatend, eintönig einer dem anderen gleichend, zogen die Tage an ihm vorüber – Herden von Hammeln, deren tausend Hufe in dumpf-dröhnendem und lähmendem Trott widerhallten.

Eines Morgens, als er aus einem bleischweren Schlaf, geplagt von rohen Träumen, erwachte, öffnete sich die Tür seines Gemachs. Eine Frau trat ein.

Das Klirren ihrer Goldreifen, die sie an Handgelenken und Fußfesseln trug, hatte bereits von weitem ihr Nahen verkündet, und so musterte er sie voll Zorn.

Zwischen dem schwarzen Glanz ihres Augenpaars leuchtete ein blauer Diamant. Ihre Gegenwart glich einem ausströmenden Wohlgeruch und ihr Leib strahlte die helle und milchweiße Sanftheit der Bäume im Mondeslicht aus. Es war eine Hetäre aus den heiligen Tempeln, eine jener Priesterinnen der Liebe, deren Amt es ist, den Männern Einblick in die Ewigkeit zu gewähren.

Aber der Kaiser, der die schönsten Frauen seines Reiches in seinen Armen gehalten hatte, ließ sich von so wenigem nicht aus seiner Bitternis locken.

Er fragte sie, was sie hier zu schaffen habe und weshalb die Wachen es gewagt hätten, sie vorzulassen.

Darauf erwiderte sie schlicht, sie habe von seinem sehnlichsten Begehren erfahren und sei gekommen, um für ihn den Lauf des Ganges in die Gegenrichtung umzukehren.

Ihre Stimme war ein Geschmeide aus Gold, das sie mit ihren Worten den Männern um den Hals legte.

Der Kaiser erhob sich und folgte ihr nach draußen. Als die beiden sich auf der Terrasse befanden, die hoch über den Fluß und das endlos graue Gefilde seiner Wasser hinausragte, da bemerkte er mit Staunen, daß sie nicht die Augen abwandte, wie es so viele andere bis dahin getan hatten. Sie begann, ihren Arm zu entblößen, dann drapierte sie kunstvoll die seidenen Falten ihres Saris über die Schulter. In der Stille dieses düsteren Morgengrauens war nur das Klirren der goldenen Armreifen zu hören.

Dann hob sie langsam die Hand und wies das Wasser nach Norden. Da wälzten sich die Fluten des Ganges wie die Windungen eines riesigen Lindwurms um und stiegen zurück zur Quelle hinauf.

Solange sie den Arm erhoben hielt, strömten die Wassermassen in Gegenrichtung, so langsam und sicher in ihrem Lauf wie ein unumkehrbar dahinfließender Lavastrom.

Dann ließ sie die Hand sinken, und der Ganges nahm wieder seine jahrtausendealte Richtung auf.

Als er aus seiner Benommenheit und Verwunderung heraustrat, fragte der Kaiser sie stammelnd, woher sie nur ihre Macht habe. Einen Augenblick war es ihr, als habe sie ihn nicht verstanden.

Dann erwiderte sie mit einem Lächeln, das die Winkel ihrer schwarzen Augen weitete: »Ich bin, die ich bin.«

✳

Möge diese so anmutige Erscheinung, die dem Großmogul die Sprache verschlug, uns einen Moment ihren Goldstaub in den Augen lassen. Die Lehre daraus ist rasch gezogen.

»Ich bin, die ich bin.«

Ein Satz, so rundum geschlossen wie ein Ehering.

So ist diese Kraft, der nichts widersteht, die vollkommene Identität unseres Wesens mit der Form, die seine Gegenwart auf der Welt annimmt.

Zu werden, wer wir sind, ist gewiß keine leichte Sache, sondern die verborgene Chiffre eines zu erringenden Ziels.

Denn es geht weder um ein Ertragen, noch um ein Erdulden, sondern darum, ganz und gar leidenschaftlich zu *wollen*.

Unter allen Inkarnationen die unsere zu wählen. Uns dorthin zu sehnen, wo wir sind, und uns nach dem zu sehnen, der wir sind – und zwar in dem Moment, wenn wir es sind. Dann wird das Zauberwort, das vor unseren Augen den Flußlauf des Ganges umgekehrt hat, die gefährlichen Pfade unseres Erwachsenenalters in Königsalleen verwandeln.

Aber hätte ich nicht beinahe das Wichtigste vergessen – nämlich welches das Metier der Schönen eigentlich war?

Die Liebe natürlich.

Der Talisman.

Muß ich bei der einen oder anderen Seele von bleischwerem Begriff noch irgendein Mißverständnis ausräumen?

Ach was! Egal!

Wem Verstand gegeben ist, der verstehe!

6

DAS ALTER

Während ich mich nun den Ufern des Alters zuwende, frage ich mich, weshalb sie mir in drei Teufels Namen so vertraut vorkommen. Mein Leben lang fühlte ich mich zu ihnen hingezogen. So weit ich mich zurückerinnern kann, habe ich immer die Nähe alter Menschen gesucht. Von ihrem Wesen geht für mich eine unsagbare Faszination aus.

Manche Begegnungen sind mir unvergeßlich – jener alte Mann etwa, den ich, als ich fünfzehn Jahre alt war, in einem Zug traf und bei dem es mir vor Sprachlosigkeit heiß und kalt über den Rücken lief, als er mir mit einer schier unerträglichen Genauigkeit erzählte, wer ich bin. »Woher wissen Sie das alles?« fragte ich ihn und malträtierte nervös die Fransen meines Schals. Darauf erwiderte er mit einem lieblichen Lächeln: »Aber Mademoiselle! Sie sehen doch, daß ich ein alter Mann bin!«

Das ist der gleiche Ton, die gleiche durchtriebene Ironie, in die meine Nachbarin, die Bäuerin, verfällt, wenn ich mich über ihre Voraussagen wundere und sie zu mir sagt: »Mein Alter hat aber auch seine unbequemen Seiten«, während sie mir mit ihrem Stock und ihren gichtgekrümmten Fingern (wie um mich zu trösten) unter der Nase herumfuchtelt.

Für mich, die nie daran gezweifelt hat, daß das Wirkliche und das Eingebildete aus demselben Stoff geschnitten sind, waren aber auch Begegnungen mit manchen Wesen, die als Geister aus meiner Tintenflasche auftauchten, nicht weniger wichtig: so etwa meine alte Barbora in meinem Roman *Der Krieg der Mädchen*, die die Aufständischen in der Burg besuchte, von der aus sie ihren Kampf führten. Als eine der jungen Frauen sie anfleht, ihr doch zu verraten, was »die elf Seligkeiten des Alters« seien, entgegnet sie entrüstet: »O nein, mein Täubchen! Du übertreibst, du verlangst zuviel des Guten! Man muß sich entscheiden können... Entweder du stirbst ganz, wozu du auf bestem Wege bist, mit all deinen Zähnen und all deinen Haaren und bist in den Armen des Todes noch so schön wie in den Armen der Liebe... Oder aber du scheidest Stück um Stück dahin, ein Zahn nach dem andern, ein Haar nach dem andern; du tauscht das Zarte gegen das Grobe, das Glatte gegen das Runzlige; du wirfst ohne Mogeln den Wegzoll auf den Tisch; und erst wenn dein Gebot den Göttern gefallen hat, offenbaren sich dir die elf Seligkeiten, die man nicht nennt, ohne die Natur zu verraten, und die du mir selbst mit dem Messer an der Kehle nicht entlockst!«

Genausowenig wie meine Mädchen angesichts dieser Entschlossenheit der Alten wagte ich weiter nachzubohren. Aber seitdem bin ich auf irgendeine Überraschung gefaßt.

✳

Heute ist die üblichste Haltung die, mit allen Mitteln den fälligen Eintritt in das verabscheute Greisenalter so weit wie möglich hinauszuschieben.

Diese Art, wie der einzelne den Gedanken des Altwerdens als solchen verdrängt, wird in ganz logischer Weise durch die gesellschaftliche Ordnung bestärkt, in der der Ausschluß alter Menschen aus dem Familien- und Alltagsleben zuweilen mit einem buchstäblichen Einsperren in dafür vorgesehenen Einrichtungen verbunden ist.

✳

In einer Gesellschaft, in der die einzigen Wertmaßstäbe die eines plumpen Materialismus sind und in der der Merkantilismus bestimmt, welche Lebensalter wie vertreten sind, ist klar, daß das fortgeschrittene Alter wenige Trümpfe zu bieten hat. Gesellschaftsfähig ist nur das Alter, das noch aktiv konsumiert: Waren, Kuren, medizinische Altersversorgung, Gruppenreisen, Unterhaltung, kulturelle Animation und so weiter. Der ökonomisch Schwache aber verkörpert das absolut Böse. Das Bettler-Königtum des Brahmanen ist hierzulande Verworfenheit und gehört zum »Ausschuß«.

Was uns zerstört, ist aber gewiß nicht das Alter an sich, sondern das Bild, das wir uns von ihm gemacht haben.

Die gegenwärtige Ideologie, die dem Geist alle Fähigkeit abspricht, erlaubt uns, in einem hektischen Wirbel von Aktivitäten höchstens das Erwachsenenalter wohlbehalten über die Runden zu bringen – aber auf keinen Fall das hohe Alter.

Denn in dieser letzten Episode unseres Erdenlebens spielen zwei Geigen zum Tanz auf: der Geist und die Vorstellungskraft. Ihrer Musik wollen wir uns nun zuwenden.

Verweilen wir zuvor aber noch einen Augenblick bei einer ersten Feststellung. Für denjenigen, der den Verfall *erwartet*, sind alle Illusionen ausgeschlossen: Er wird nicht ausbleiben. Wer sein Leben lang seiner Seele ein Grab geschaufelt hat, wird sich dort auch hineinlegen.

Kein Glück oder Unglück widerfährt uns jemals, ohne daß wir ihm das Nest bereitet hätten.

※

Vielleicht illustriert eine kleine Alltagsanekdote unter der Rubrik »Vermischtes« aus der Tageszeitung die Kraft des Geistes, um die es hier geht, treffender als abstrakte Worte.

Aufgrund eines unglücklichen Zufalls fand sich ein Bahnangestellter in einem Kühlwaggon eingeschlossen. Als man ihn zwölf Stunden später daraus befreien kam, war er tot. Innen auf der Stahlwand fand man mit Kreide hingekritzelt die Worte: »Der Frost dringt in mich ein. Ich erfriere.« Die Grauenhaftigkeit dieses Schicksals wird erst sinnfällig, wenn man noch ein Detail hinzufügt: Das Kühlsystem war nicht eingeschaltet! Der Körper wies bei der Autopsie alle Symptome eines Todes durch Erfrieren auf...

Dem Alter ergeht es nicht anders – jedoch mit einem Unterschied: Es handelt sich dabei nicht mehr um ein *fait divers*, sondern um ein *fait de civilisation* – nicht um eine außergewöhnliche *Be*gebenheit, sondern um eine ganz gewöhnliche *Ge*gebenheit der Zivilisation mit allgemein verbreiteten und verheerenden Folgen.

Allein die Vorstellung des Verfalls zieht bereits unwiderruflich sein Eintreten nach sich. Wir leben von und sterben an unseren Bildern.

* * *

Die negative Haltung in all ihren Erscheinungsformen, mit der man gegenwärtig sowohl dem Alter wie der Existenz überhaupt begegnet, ist so zersetzend, daß jeder Versuch, ihr zu entgehen, vergeblich ist, wenn wir sie nicht zuvor klar umrissen haben.

Wenn ich mich einen Augenblick dem Bild widme, das bestimmte Schriftsteller, Denker und Künstler vom menschlichen Leben liefern, dann möchte ich ihnen gewiß nicht die *ganze* Verantwortung dafür auflasten. Ist man aber nicht versucht zu sagen, daß sie sich darauf beschränken, die gesellschaftliche Realität so darzustellen, wie sie sich ihnen präsentiert? Aber im Bereich des Schöpferischen sind die Implikationen noch subtiler.

Indem Schrift oder Kunst diese Realität stützen oder gutheißen, sichern sie ihr eine noch tiefere Einwirkung auf den Geist des einzelnen. Künstler sind Bilder- und Mythenmacher. Diese Bilder und diese Mythen verbreiten sich kraft der alchimistischen Schöpfung einer neuen und mächtigen Vitalität bald wie ein Wohlgeruch, bald wie ein Pestgestank nach allen Richtungen. Fortan im Bewußtsein festgesetzt, verwandeln sie sich auf eine raffiniert versteckte Weise in erlebte Realität. Die Darstellungen von Horror (in Kino, Comics und Literatur) hacken mit der Machete Schneisen in die Urwälder der Phantasie, durch die schon morgen die Reiter der Apokalypse eindringen werden. Die Frage, ob die Wirklichkeit der Phantasie den Weg ebnet oder die Phantasie der Wirklichkeit, ist ein abstruser Syllogismus. Das eine läßt sich nicht vom anderen trennen.

Die Vorstellungskraft ist die Achillesferse, der verwundbare Punkt, über den sowohl das Gift wie das Heilmittel in die Welt der Lebenden eindringt.

Daher gibt es kein unschuldiges Werk.

✳

Als Beispiel möchte ich nur zwei Bücher anführen, die dem Alter gewidmet sind: das von Simone de Beauvoir und das von Jean Améry.[14]

Das Ziel des ersten ist von ungeheurer Tragweite, nämlich: anhand der Art, wie unsere Zivilisation das letzte Lebensalter behandelt, ihr wahres Gesicht aufzuzeigen – also »die Verschwörung des Schweigens zu brechen«.

Daß es sich dabei um eine messerscharfe Analyse der Gesellschaft handelt und um die Aufdeckung der direkten Beziehungen zwischen Vergreisung und Verfall einerseits und der gesellschaftlichen Klasse jedes einzelnen andererseits sowie der Möglichkeiten, die er hatte (oder nicht), um für seinen Körper Sorge zu tragen und seine geistigen und schöpferischen Fähigkeiten zu entwickeln – all dies ist unbestritten.

Wenn es von nun an »zu spät (ist), um sich eigene Interessen, eine eigene Kultur und eigene Verantwortungsbereiche zu erfinden«, bleibt nichts anderes mehr übrig als »der Horror, mit leeren Händen in dieses Alter einzutreten.«

Auf keine fünf Seiten der »Schlußfolgerungen« des Buches komprimiert, fällt das Heilmittel gegen so viele auf Hunderten von Seiten aufgezählte Übel, Demütigungen und Desaster sehr summarisch aus. Um der Hölle der gesellschaftlichen und biologischen Grausamkeit ein Ende zu setzen, gebe es nur einen Weg: den Einfluß auf die Welt beibehalten, getreu bis ans Ende weiter alles tun, was unserer Jugend und unserem Erwachsenenalter einen Sinn gegeben hat (sich aktiv beschäftigen, leidenschaftlich für etwas einsetzen, politisch oder schöpferisch betätigen . . .). Nach ein paar hundert Seiten eines dichten Hagelschauers von gnadenlosen Fakten wirken diese Sätze wie die Tautropfen der Morgenfrühe, die jedoch ein niedergemähtes Ährenfeld auch nicht mehr aufrichten werden.

Sicher wäre es möglich, der ernüchternden Zusammenstellung all der Mißhandlungen, deren Opfer das Alter ist, jenem gnadenlosen *mondo cane*, aus dem die gesamte erste (der Ethnologie und Geschichte gewidmete) Hälfte des Werkes besteht, eine umgekehrte Zusammenstellung von Ehren und Würdigungen des Alters entgegenzusetzen, gesammelt aus der Bibel, dem Talmud, dem I-Ging der Taoisten, den indischen und afrikanischen Mythologien und vielen anderen Quellen.

Aber die vielfältigen Bedeutungen, die dieses Lebensalter in anderen Kulturen und Darstellungssystemen hat, ausschließlich auf politische und soziale Interessen zu reduzieren, wie Simone de Beauvoir es tut[15], ihm jede ganz allein gehörende Wirklichkeit abzusprechen, ist ein so verstümmelndes Konzept, daß es das Spiel von Argumenten und Gegenargumenten ad absurdum führt. Das ist so ähnlich, wie wenn man auf einem Schachbrett die schwarzen und weißen Figuren miteinander vertauschen und ein verfälschtes Spiel fortsetzen würde.

Von Anfang bis Ende weht aus keiner Stelle dieser umfangreichen Studie den Leser auch nur die Ahnung einer Hoffnung an, daß das Alter ein anderes Wegstück, ein anderes Dasein auf der Welt, der Ort einer neuen Wahrnehmung sein könnte. Wenn es ein verbissenes Verlängern des vorhergehenden Alters sein soll, weshalb sollte es dann nicht zugleich auch ein allmähliches, unausweichliches Verfallen sein?

»Die Stellung halten, koste es, was es wolle« ist ein militärischer Befehl – er hat in unseren Schicksalsverläufen keinen Platz.

Nicht, daß der alte Mann oder die alte Frau nicht weiter an ihrem Werk schaffen oder sich weiterhin engagieren könnten, wenn sie das Bedürfnis danach verspüren. Aber sie können es unter keinen Umständen aus einem Blickwinkel, der in jedem Punkt mit dem des Erwachsenenalters identisch ist. Denn der Ort, an dem sie sich befinden, ist von nun an ein anderer. Indem sie diesen mit dem Ort des Erwachsenen gleichsetzt, begeht Simone de Beauvoir einen Akt der Vergewaltigung, der demjenigen gleicht, durch den wir heute die Kindheit verfrüht von der sinnlichen Entdeckung der Welt fortreißen, um sie in eine aufgezwungene und zerstörerische Abstraktion zu stürzen, jene Vergewaltigung, die aus Mißverstehen der menschlichen Rhythmen oder, noch schlimmer, aus Gleichgültigkeit ihnen gegenüber geschieht. Welchen Sinn kann ein verbissenes und krankhaftes Hinausschieben von einigen Jahren für uns haben, wenn uns auf diese Weise eine ganze Dimension des Lebens geraubt wird – nämlich diejenige, die unser individuelles Tun in den Umkreis einer menschlichen Bestimmung eingefügt hätte?

❋

Und welche Aussagekraft könnte eine klinische Analyse der pathologischen Formen haben, die der Alterungsprozeß in bestimmten Fällen mit sich bringt, wie etwa manische Zustände, chronisch deliröse Psychosen, Rückentwicklungs-Paranoia, atrophische präsenile und senile Wahnsinnserscheinungen, Presbyophrenien etc.? Eine solche, gefühllos und lieblos auf das Objekt zielende Betrachtung signalisiert höchstens die Bewußtseinsabweichungen im untersuchten Objekt im Verhältnis zu dem Bewußtsein des Untersuchenden, das als goldener Maßstab präsentiert wird.

Selbst noch inmitten der bewußtseinsleersten Senilität können wir auf keinen Fall Vermutungen darüber anstellen, was der alte Mensch, der mit ihr geschlagen ist, wirklich *erlebt*. Was gestört ist, ist die Kommunikation mit seinesgleichen, besser gesagt, mit seinen Nächsten (da sie künftig nicht mehr seines*gleichen* sind). Die Informationen, die uns dann erreichen, sind wie die Botschaften eines durch die Brandung von uns getrennten Schiffes: Sie können uns mit ihren unverständlichen und verzerrten Lautfolgen zur Verzweiflung bringen. Sie trennen uns vom Sprecher und trennen ihn von uns, aber nicht ihn von *sich*. Was er erlebt, erlebt er – ob wir daran teilhaben können oder nicht. *Wir* sind künftig ausgeschlossen aus seinem Abenteuer – er nicht. Die unauffällige Rückkehr zum »normalen« Bewußtsein, die man bei manchen sehr alten Menschen beobachten kann, läßt erkennen, daß die langen Phasen, die für sie jede Kommunikation mit ihren Nächsten ausschließen, keinesfalls mit einem »Nichterleben« gleichzusetzen sind.

Ich bin erstaunt, daß noch keinem Menschen aufgefallen ist, wie sehr das hohe Alter ein Opfer von »Ethnomorphismen« und »Ethnozentrismen« ist, derer sich auch der Forschungsreisende so lange schuldig gemacht hat, indem er auf andere Kulturräume die Kriterien seines eigenen applizierte, und das, was er weder sehen noch verstehen konnte, schlicht und einfach abstritt.

Vielleicht funktioniert diese Phase der Involution oder Rückentwicklung bei den greisen Menschen wie eine Art Halbschlaf, der dazu bestimmt ist, den Geist von den unmittelbaren Banalitäten freizumachen und darin den nötigen Leerraum zu schaffen für das Spiel anderer Bilder, anderer wesentlicher Geistesblitze, von denen wir nicht einmal etwas ahnen? Das ist eine Hypothese, die keinesfalls lächerlicher ist als diejenigen, die dem Kliniker seine ablehnende Haltung und bodenlose Anmaßung diktieren.

Wenn ich einen Augenblick in dieser Lagune am Ende der Welt herumgeschweift bin, auf die es in bestimmten Fällen das Alter verschlagen kann, dann geschah es in der Überzeugung, daß sogar eine so extreme Situation durchaus ihren Sinn haben kann, mag er uns im Moment auch völlig verborgen bleiben.

Was das Buch von Jean Améry betrifft, so bildet es das meditative und bewußt subjektive Gegenstück zu Simone de Beauvoirs Werk. Er rückt im Verlauf einer erschütternden Innenschau den zeitgenössischen Menschen als Opfer in dem Skandal des Altwerdens und des Sterbens ins Bild und spiegelt damit eine Haltung, die viele von uns für das Äußerste an menschlicher Würde gegenüber der »tragischen Absurdität unserer Existenz« halten. Diese Haltung hat etwas ungeheuer Faszinierendes. Der Freitod, den der Autor einige Jahre später beging, verleiht diesem Essay, der die Verse des jungen Dylan Thomas:

> *Do not go gentle into that good night!*
> *Rage, rage against the dying of the light.*
> (Gehe nicht fügsam in diese gute Nacht!
> Wüte, wüte gegen das Verlöschen des Lichts.)

als Motto verdient hätte, noch ein besonderes Gewicht.

Für Améry ist das hohe Alter eine unheilbare Krankheit. Ihr zu entrinnen ist ebenso unmöglich wie der Wunsch, uns bei lebendigem Leibe aus der Haut herauszureißen, in die wir eingesperrt sind. Unser Körper hört auf, uns Zugang zur Welt zu verschaffen, und wird uns allmählich ganz und gar von ihr trennen. Er ist gleichzeitig unser brutaler Kerkermeister und der Mauerring unseres Kerkers – ja, noch schlimmer: unser einziger und letzter Zufluchtsort. Jeder Ausbruchsversuch ist zwecklos: Allein der Blick des anderen bringt uns wieder in den Kerker zurück. Im übrigen würde sogar ein Greis, der von sich behauptete: »Ich fühle mich wohl«, durch diese Worte beweisen, daß er sich nicht wohl fühlt. Denn solange er im Vollbesitz seiner Kräfte war, fühlte er sich weder wohl noch unwohl: Er fühlte sich überhaupt nicht. Er war »außer sich« in der Welt des Handelns.

Alle Hoffnung, aller Trost ist fortan vergeblich; die Darstellungen von »edler Resignation«, von »später Weisheit«, von »Feierabendfrieden« kommen dem Autor vor wie billige Augenwischerei. Die einzig mögliche Haltung ist die der Revolte, aber einer Revolte, die sich ihrer eigenen Widersprüche bewußt ist und die ein Akzeptieren des Unvermeidlichen nicht ausschließt.

❋

Mein Geist ist nicht so beschaffen, daß er sich der Verführung durch Literatur zu entziehen wüßte, wenn sie ansprechend und zwingend ist. Nur mein alter schwatzhafter und durchtriebener Instinkt hält sich dann auf Distanz.

Wie könnte unsere ganze Existenz als ein solcher Fehlschlag enden?

Habe ich nicht, bewußt oder unbewußt, leidenschaftlich jede Gestalt, die mein Dasein auf der Welt annahm – mein Weilen im Bauch meiner Mutter, meine Geburt, meine Kindheit, meine Jugend, mein Erwachsensein –, akzeptiert? Warum sollte mir also ausgerechnet vor dieser Form grauen? Warum sollte ich kein Vertrauen haben zu meiner letzten »Inkarnation«, zu jener, die mich in den Augen der anderen und in meinen eigenen als alte Frau erscheinen lassen wird? Warum sollte ich mich nicht mit dem gleichen Glauben, mit der gleichen Überzeugung, mit der gleichen unausrottbaren Neugier hingeben? Und selbst wenn mein Körper alt und klapprig, wenn meine Haut runzlig wird, wenn meine Glieder krumm und steif werden – gibt es dann wirklich nirgendwo außer in den Spiegeln meines Schlafzimmers Schönheit auf Erden? Von wegen! Wird es nicht außerhalb von mir, in allem, was mich verlängert und fortsetzt, mich umgibt und mich vervielfacht, nicht noch eine Menge anderer berührbarer Wunder geben?

Meine Entscheidung ist die, mich überraschen zu lassen. In einem Werk von Brecht trottet einmal eine alte Arbeiterin des Weges, die um jeden Preis lesen lernen möchte. Der gefuchste Schullehrer, den sie aufsucht, bemüht sich, ihr davon abzuraten: »Wozu soll das nütze sein, Alte? All das Geschwätz, das du in den Klatschgazetten und Groschenheften lesen wirst, werden dir nur das Hirn verwirren!« Aber sie lugt unbeirrt unter ihren Lidern hervor: »Ihr habt gewiß recht, Herr Schulmeister, aber erlaubt, daß ich mir selbst mein Urteil bilde...«

Ich fühle mich eins mit der Seele dieser schlagfertigen Frau. Sicher hat Améry recht und mit ihm alle, die behaupten, daß es grausam ist, alt zu werden. Aber irgendein Teufel in mir kitzelt mich: die dumpfe, extravagante Lust, mir selbst mein Urteil zu bilden, und zwar zu gegebener Zeit.

※

Wenn das hohe Alter ein Recht zu fordern hat, dann gewiß nicht jenes, das ihm die gleichen Taten, die gleichen Spannungen, die gleichen Freuden, die gleichen Verantwortungen, die gleiche Sexualität wie im Erwachsenenalter garantiert, aber sehr wohl das einzige, das niemand ihm zu geben gedenkt: das unabänderliche Recht auf Transformation.

Wenn wir die Dinge aber so formulieren, befinden wir uns bereits auf dem falschen Weg: »Recht«, »Forderung«, »garantieren«, »verlangen«, »auf die Realität Druck ausüben« – das sind Redensarten einer Sprache, die bereits nicht mehr gültig ist.

Beginnen wir also wieder von vorn.

Ein Satz von Joseph Delteil wird unser »Sesam öffne dich« für dieses andere Reich sein:

»Als altem Kerl ist mir endlich erlaubt, die Frauen ohne Eroberungszwang und ohne Hintergedanken – wenn ich so sagen darf: aus reinem Genuß – zu frequentieren...«

Diese Worte mit ihrer schalkhaften Wendung zeigen uns den richtigen Weg. Sie zeigen ein Dasein, das nicht mehr auf Einbruch aus ist. Indem er aufhört, sich ständig seinen Begegnungen »anzufügen«, wird der alte Mensch voll und ganz selbst Begegnung.

Ihm geht es nicht mehr darum, den Sinn der Dinge zu »durchdringen«, mit List oder Gewalt in ihn einzudringen. Alles fließt früher oder später in seinen Augen zusammen. Nichts als Fragmente, Staubfussel von Ereignissen und flüchtigen Berührungen, die nichts und niemand koaguliert, baut, dirigiert, bestimmt, noch beendet, und die sich wie Eisenfeilspäne in einem Magnetfeld von selbst zu mysteriösen Emblemen anordnen.

Zeit des Yin und Yang zugleich Zeit des bärtigen Saturn mit Frauenbrüsten (wie die Antike ihn darstellt), Zeit für gastliche Aufnahme, für die »Hingabe«.

In der verliebten und tragischen Vertrautheit mit einer Welt, in der er erst seit so kurzer und doch schon so langer Zeit existiert, kennt und erkennt er alle Seelenstimmungen: Dankbarkeit, Liebe, Zorn, Frustration, Hingerissenheit, Verzweiflung, Vertrauen, Empörung, Versöhnung. Da er durch alles bereits hindurchgehen mußte, wird er selbst zum Durchgang.

So viele Formen des Glaubens haben sich vor seinen Augen aufgebaut und sind wieder brüchig geworden, so viele Denksysteme, so viele Moden, so viele Lebensarten sind verschwunden und unter anderen schmucken Kostümierungen wiederaufgetaucht! Von dem Ort aus, an dem er nach einer abenteuerlichen, stürmischen Kreuzfahrt gelandet ist, öffnet sich das gesamte Panorama eines Männer- oder Frauenlebens seinem Blick. Was bis dahin als verschiedene Etappen wahrgenommen wurde, erscheint nun nicht mehr wie eine Abfolge und fügt sich zu einer ausgedehnten Landschaft.

Vor ihm, durch ihn ist das Gefolge der Barbareien seiner Zeit und der immer wieder vernichteten, immer wieder erneuerten Hoffnungen vorübergezogen. Er weiß um die Vergänglichkeit aller Dinge, um die Zerbrechlichkeit der Existenzen und der Ideologien, und er weiß, welches Ende den Bösesten wie den Besten vorbehalten ist. Aber er weiß auch, daß in dem endlosen Kreislauf von Chaos und Ordnung, von Geburt und Tod alles wieder neu beginnt und wiedergeboren wird.

Er hat das Scheitern von Macht und Herrschaft erlebt und die deduktiven Prinzipien der strengsten Logik sich auflösen sehen wie Kristallklümpchen auf dem Boden einer Retorte. Fortan läßt sein Denken die Krücken des ausschließlichen Rationalismus fallen, um ein Vagabund, ein intuitiv Einfühlender und sanfter Berührer zu werden. Nicht daß er aufgehört hätte, von dieser oder jener Idee, von der aufregenden Entfaltung ihrer Windungen, von dem köstlichen Höhenflug der Intelligenz und des Wissens zu naschen (– nein, das Gegenteil ist der Fall, wie ich oft und oft feststellen konnte!), aber er schlägt ihnen ein Schnippchen und stiehlt sich davon. Die Kindheit kennt die drolligen Späße, die Jugend die Farcen und Torheiten, das Erwachsenenalter die beißende Ironie; aber der Humor gehört dem Alter allein – zumindest derjenige, der wie das buntschillernde Spiel der Seifenblasen gerade so real ist, daß er einen kurzen Augenblick wahrgenommen wird und bezaubert, aber von seinem Durchflug durch die Welt weder Spur noch Fleck hinterläßt. Im beständigen Wandelgang der Welt, in der unendlichen Fluktuation der Erscheinungen, im permanenten Transfer von Energie und Informationen sucht der bejahrte Mensch nicht mehr nach einem Haltegriff, um sich daran zu klammern, noch nach einem Kleiderhaken, um seinen Hut daran aufzuhängen. In einem souveränen Sichtreibenlassen überläßt er sich der Strömung, wird selbst zur Strömung. Das Alter ist eine geistige Revolution.

✳

Bereits seit einer Weile (ist es überhaupt angebracht, darauf hinzuweisen?) haben wir diejenigen alten Menschen hinter uns gelassen, die sich an die Errungenschaften ihres Erwachsenenalters klammern und das herzzerreißende Schauspiel eines krampfhaften Widerstandes bieten, um uns den anderen zuzuwenden: denen, die losgelassen haben und die kraft des rätselhaften Gesetzes der *coincidentia oppositorum* sofort Zugang zu anderen Reichtümern finden.

Das bedeutet jedoch nicht, daß sie deswegen ihr Interesse von der sie umgebenden Welt abwenden und ihre Verpflichtungen, ihre Verantwortungen, ihre Aktivitäten aufgeben mußten; wenn sie sich dafür entschieden haben, diese weiterhin zu verfolgen, dann tun sie es künftig aus einem radikal veränderten Ansatz heraus, der nicht mehr mit den Schlacken der Macht, des Konkurrenzkampfs oder der Selbstbestätigung vermengt ist. Da sie nichts für sich selbst erwarten, erhalten sie viel: alles, was als Draufgabe nur dem gegeben wird, der nichts mehr verlangt. Sie brauchen sich auch nicht einmal mehr eigens von den Dingen des Lebens zu lösen; diese fallen ihnen vielmehr wie reife Früchte in den Schoß.

※

Einer meiner Freunde, ein achtzigjähriger Künstler, blickt mich immer, wenn ich unangemeldet bei ihm auftauche, mit einem verstehenden Lächeln an und meint: »Du kommst also schon wieder meinen Obstgarten plündern? Und als Gipfel der Unverfrorenheit noch mit meiner Hilfe, meinen Leitern und meinen Körben! Es geht wohl wieder einmal um dein Kapitel über das Alter, wie?«

Dieses Kapitel ist bereits seit drei Jahren ein Scherz zwischen uns und ein Spiel. Werde ich ihm das auch gestehen, wenn ich es geschrieben habe?

Die langen Monate, die zwischen unseren Begegnungen ohne das geringste Lebenszeichen von der einen oder anderen Seite vergehen, können unser Verhältnis kaum trüben.

Was hätte ich einem, der mein Schweigen nicht ertrüge, fragt mein Freund, schon zu sagen?

Mal lachen wir aus vollem Hals, mal reden wir mit schlaffen Zügeln und mal lassen wir uns mit vollen Segeln von unseren Träumen treiben.

Wir haben miteinander ein Abkommen. Ich habe ihm versprochen, mich, wenn er gestorben ist, an seine Seite zu setzen und ihm alle Passagen aus dem Tibetischen Totenbuch vorzulesen, die er zu diesem Zweck mit einem Sternchen versehen hat.

Den Prämissen zu der »langen Fahrt auf der Barke der Jahrmillionen« widmen wir uns mit der scharfen Konzentration, der luziden und leidenschaftlichen Strenge, die sicher auch La Pérouse und Vasco da Gama beim Organisieren ihres Aufbruchs walten ließen.

Haben wir, wohin die Reise auch führen mag – und selbst wenn es nirgendwohin wäre –, nicht bereits gewonnen, wenn allein schon die Vorbereitungen unsere Erwartung und unser Leben erleuchtet haben?

Sowohl der Gefahren als auch der Prüfungen sind wir uns wohl bewußt. Aber wie könnte es in Anbetracht einer solchen Expedition auch anders sein?

Dabei sind wir zu einer Gewißheit gelangt – nämlich zu der, daß es wichtig ist, die Verstorbenen nicht zu früh zu verlassen, ihnen einige Tage Beistand zu gewähren, wie es die zahlreichen Bräuche aller Kulturen der Menschheit verlangen. Wem wäre noch nicht aufgefallen, wie barbarisch die Krankenhaustode sind, die Art, wie man über die noch warmen Körper einfach Laken deckt und die Eisenbetten quietschend zu den Türen von Tiefkühldepots rollt, die krachend zugeschlagen werden? Wer wird das tägliche Verbrechen ahnden, die Gestorbenen nach langen Stunden der Unschlüssigkeit, der Schwebe, des Sträubens und Zögerns nicht von selbst dahinscheiden und sich entfernen zu lassen? Jeder Mensch, der dieses Namens würdig ist und der bei seinen Verstorbenen die Totenwache zu halten versteht, kennt die Metamorphosen, die die Zeit auf ihren Gesichtern bewirkt, während sie allmählich die Ermordeten, die sie im Augenblick des Sterbens fast alle sind, zu uneinholbaren Abenteurern macht.

✳

Der Tee brennt uns auf der Zunge. Ich liebe diese Stunden, in denen die Reise bereits begonnen hat.

✳

Gestern bin ich im Wald einer Buche begegnet, die vor einigen Jahren der Blitz getroffen haben muß und von der nur noch das Fundament eines beeindruckenden Stammes übrig blieb, der an seinem Gipfel zu zahlreichen Erkern zerborsten war, was an die Ruinen einer Burg erinnerte. Moose und Flechten überzogen ihn und waren hie und da überstreut mit roten, fasrigen Splittern von morsch zerfallenem Holz.

Die Rinde hatte sich beim Verwittern in stachlige Schuppenstücke zersetzt, jedes mit einem schwarzen Baumporling gekrönt. Dieses moosige Überkleid des Baumrumpfes trug auf seiner Nordseite, gegen die Wind und Regen peitschten, eine prachtvolle Ornamentierung, die durchaus an die streng geometrischen, jedoch immer wieder von einem neuen Detail unterbrochenen Motiv bestimmter indischer Stickereien erinnerte. Die unglaubliche Lust des Gestorbenseins, die von diesem Baum oder dem, was von ihm noch übrig war, ausging, verbreitete sich über seine ganze Umgebung und schwärmte bis zu dem nahen Strauß blutjunger Birken hin, die unter der nachtgrünen Domkuppel des Waldes mutig ihren Aufstieg zum Licht versuchten.

Solche Dinge pflegen wir einander zu erzählen – und noch vieles andere mehr.

Lauter Themen, meint lachend mein Freund zu mir, die man nur mit Kindern, Narren und Greisen anschneiden kann. Nicht, daß letztere wieder in die Kleinkinderzeit zurückfallen, wie eine landläufige üble Nachrede es uns glauben machen will – nein, sie *erheben* sich wieder zu ihr. In manchen flüchtigen Ahnungen finden sie die Erleuchtungen des Anbeginns, die geheimnisvolle Begegnung mit den Dingen wieder, diese Art Taumel, die aus einem hinreichend lange ausgetauschten Blick, einer anderen Präsenz, ob Mensch, Tier, Baum, Stein, Wasser, Feuer oder Bazillus, geboren wird.

Aber nur bis dorthin reicht die Parallele, denn zwischen der Kleinkinderzeit und dem hohen Alter liegt der gesamte zurückgelegte Lebensweg. Hinzugekommen ist eine weitere Dimension, die zwar schwankenden Schrittes gehen mag, die aber durch nichts zu leugnen ist: die des erlebten Abenteuers und des Wissens.

Manchmal schleicht sich durch das offene Fenster, durch welches eben noch das Kichern eines Eichelhähers zu uns hereindrang, plötzlich die Melancholie ein. Zu spät, um noch rasch geräuschvoll die Fensterflügel zuzuschlagen! Höflich lassen wir sie in der anderen Ecke des Zimmers Platz nehmen, nachdem sie zuvor noch das Sofakissen aufgeschüttelt und ihre Rockschöße glattgestrichen hat. Wir kennen sie gut, die alte Dame in Schwarz mit ihren Manieren und Manien und dem Äthergeruch, den sie um sich verbreitet. Dann kommt mein Freund auf alles, was entschwunden ist, zu sprechen, die Zärtlichkeiten und Lieben, die er nicht bis zur Neige ausgetrunken hatte und die der Tod ihm von den Lippen und aus der Hand riß.

Die Generation, mit der er sich auf den Weg gemacht hatte, wird immer lichter. Die verschworenen Freundschaften, das gemeinsame Elend und Lachen, die Worte und Sätze, die man gemeinsam geschmiedet hatte und deren Sinn von anderen nicht mehr verstanden wird, alles schwindet dahin wie Spiegelungen auf dem Wasser, wenn der Himmel sich zuzieht. Es ist die Stunde der Dämmerung, da sich die Schatten maßlos in die Länge ziehen und die letzten noch besetzten Stühle knarren, die man eilends näher zusammenrückt.

Manchmal, so gesteht er mir, glaubt er, er sei zu jenem toskanischen Mönch geworden, der sich im Morgengrauen zur Meditation in die Natur hinausbegeben hat und am Abend mit der Erwartung in das Kloster heimkehrt, daß er dort die Suppe serviert findet. Was er aber antrifft, sind nur ein paar unbekannte Gesichter und einige vage vertraute Physiognomien, die jedoch zu weißhaarigen Greisen zurechtgeschminkt sind. Vierzig Jahre sind inzwischen vergangen, während er, in seine Kontemplation versunken, glaubte, es wäre nur ein einziger Tag gewesen. Genau so, fügt mein Freund hinzu, verhält es sich mit dem Leben und seinem Gefolge von Erscheinungen.

Dann macht einer von uns beiden mit einer flüchtigen Handbewegung oder einem Heben der Brauen den anderen darauf aufmerksam, daß das Sofa leer ist.

Die alte Dame ist gegangen.

Wir suchen nach der feststellbaren Spur davon, daß sie dagewesen ist, nach der Mulde, die selbst das edelste Gesäß auf den weichen Kissen hinterläßt. Nichts mehr zu sehen. Sie hat alles wieder mitgenommen.

Wir haben nicht einmal die Dämmerung hereinsinken sehen. Wir zünden die Lampen an. Welch erlesener Augenblick, wenn die eingeschlummerten Gegenstände mit einem Ruck erwachen, wenn die Katzen gähnen, wenn unsere Stirn, Nase, Wangen, überrascht von dem sie streifenden Licht, ein flüchtiges Zittern durchzuckt. Lachend wünschen wir uns guten Morgen.

※

Wer von uns war als erster auf Hiob zu sprechen gekommen? Egal. Jedenfalls weilte er auf einmal zwischen uns. Wir teilen eine alte Vorliebe für diesen Gottesnarren, wie er da mitten in der Bibel auf seinem Haufen Asche hockt und sich mit der Scherbe die Geschwüre kratzt. Tag um Tag, Seite um Seite klagt er – »An Haut und Fleisch klebt mein Gebein; nur die Haut der Zähne blieb (...) Durch die Gewalt des Übels wird unförmig mein Kleid.« Seine Freunde kommen ihn – nicht ohne Herablassung, so würde ich schwören – in einem solchen Zustand besuchen, darunter auch ein paar feinsinnige »Psychologen« und »Therapeuten«, die ihn auffordern, in sich selbst die Quelle seines Elends zu suchen: Hat er nicht irgendeine Pflicht vergessen, dieses oder jenes Gebet versäumt, diesen oder jenen Nachbarn beleidigt? und so fort – der übliche Lärm der Unterhaltungen. Aber zu seinem Glück achtet Hiob nicht darauf. Sein ganzes Wesen ist auf Gott gerichtet, dem er keine Ruhe gönnt: »Mit meinen Tränen fleh' ich Dich an! Weshalb verbirgst Du Dein Angesicht?... Oh, könntest Du dem Menschen recht geben gegen Gott!... Ach, wüßte ich nur, wo ich Dich finde!...«

Und in dem Moment, als sein Freund Elihu ihn gnädig darauf hinweist, daß »Gott nicht antwortet«, ergreift Gott das Wort und spricht zu ihm.

Gott redet und redet – ohne die geringste Anspielung auf Hiobs Verzweiflung, ohne auch nur mit einem Wort auf seine gestorbenen Söhne und Töchter, auf das zerstörte Werk eines ganzen Lebens, auf seine vernichteten Reichtümer und Hoffnungen einzugehen. Gott antwortet ihm mit Meer und Sternen, Wind und Donner, Regen und Wolken, Wildesel und Flußpferd – »seine Knochen sind Röhren von Erz, wie Eisenstangen sein Gebein... Schwillt auch der Fluß, es zittert nicht, bleibt ruhig, wenn auch die Flut ihm ins Maul dringt« – mit Löwe und Hirsch... Gott antwortet »an ihm vorbei«, das heißt diesseits und jenseits seiner Fragen. Und seine Antwort läßt durchscheinen, daß die Vernichtung des gesamten Universums eines Menschen nicht einmal ein Kräuseln auf der Oberfläche der Schöpfung auslöst. Und diese Antwort empört Hiob wider Erwarten nicht, sondern sie verwandelt ihn in einen anderen Hiob, der auf einmal alles von einer anderen Warte aus sieht, aus einer Perspektive, die ihn ergreift und wie vom Schlage rührt – nämlich aus der Sicht der Ewigkeit und der gesamten Schöpfung.

»Vom Hörensagen nur hatte ich von Dir vernommen; jetzt aber hat mein Auge Dich geschaut...«, und Hiob segnet den Tag, der ihn zur Welt kommen sah.

Da werden ihm (schwarzer Humor? Unbekannte Gesetze der Ekstase?), weil er fortan nichts mehr »braucht«, *obendrein* noch Familie, Reichtümer und Achtung zurückgegeben.

Daraus werde einer schlau!

Diese miteinander gekauten und getrunkenen, gerochenen und wie eine würzige Prise geschnupften Worte berauschen und verzaubern uns.

Die Auslegungen purzeln und tollen uns nur so aus den Köpfen und über die Lippen; die Bilder und Gleichnisse schießen auf und vermengen sich. Ein einziges Durcheinander.

Bibel oder Zohar, Bhagavadgita oder Popol Vuh – heute dies, morgen das; egal was! Heilige Schriften, närrische Bücher, allererste, unvordenklich alte Bücher, zu denen sich alles Reden, alle Literatur nur wie eine Asymptote verhält, die sich stets annähert, doch nie berührt.

※

Unsere Zwiegespräche lassen mich allmählich die Fährte der Geheimnisse wittern, die Barbora mir nicht preisgeben wollte.

Aus der Überfülle der Entdeckungen, die ich dabei mache, scheint sich ein Gesetz herauszukristallisieren: Keiner der Sinne, mit denen wir die Welt erfahren und beeinflussen konnten, wird abgestumpft oder abgeschwächt, ohne Raum für andere Sinne, andere Wahrnehmungen zu schaffen.

So seien ihm alle Ideen, alle Inspirationen, von denen sich sein Werk nähre, sagt mir mein Freund, während des Gehens, bei erzwungenen Fußwanderungen gekommen. Seit seine Beine langsamer geworden sind, hält er es nicht mehr an einer Stelle aus – besser gesagt, hält es ihn nicht mehr an seinem Platz. Die reglose Reise führt ihn an Orte, wohin seine Beine nicht gelangten – weiter, als er je gehofft hätte.

Er hört nach Belieben durch sein inneres Gehör die Musiken, die er geliebt oder komponiert hat, und noch andere, für die seine Erinnerung keine Anhaltspunkte bietet und die den Blutstrom in seinen Adern wieder aufziehen wie eine Uhr. Er ist in der Lage, eine bestimmte Phrase anzuhalten, sie so lange, wie es ihm Spaß macht, noch einmal zu hören, bevor er sie wieder an den Strom der ganzen Symphonie zurückgibt, der sie dann mit sich fortreißt. In letzter Zeit passiert es ihm, daß er die Musik in fließenden Farbfeldern *sieht*, in denen sich Töne und Arpeggien zu einem prächtigen Legato von Jaspistönen entfalten.

Aus jedem seiner Sinne sind erstaunliche neue Triebe aufgesprossen.

✳

Im hohen Alter, dort, wo wir logischerweise erwarten, daß die Last der Wirklichkeit am schwersten wird, kann sie so leicht werden, daß sie nicht mehr gespürt wird. Dann erreichen wir einen Zustand, in dem die uns umgebende Wirklichkeit aufhört, noch die notwendige Stütze für das Leben zu sein, das uns innewohnt. Er ist jenes äußerste Ufer, an dem der Rabbi Schlomo[16] in Karlin, als plündernde und mordende Kosaken in die Stadt einfallen, es nicht für wert hält, sich von dem, was er als einziger sieht, abbringen zu lassen – weder von dem Mörder, der vor ihm auftaucht, noch von der Klinge, die ihn durchbohrt –, und wo er »stirbt, ohne sein Gebet zu unterbrechen«.

Dann offenbart sich – aber für wen unter uns? (denn wenn auch der Schlüssel des Alters vielen gereicht wird, wie viele von ihnen finden dann die Tür, die er aufschließt?) – die wahre Dimension dieser allerletzten Etappe: die dem Menschen gebotene Möglichkeit, alles gleichzeitig zu erfassen, durch die Macht des Geistes zu seinem wahren Menschsein geboren zu werden. Die mit seiner Zeit konformen Vorurteile, Gemeinplätze und Deutungen hinsichtlich der Wirklichkeit werden dann wie Schleier fortgezogen. Eine andere nahrungsreiche, vibrierende Wirklichkeit erblüht mitten zwischen seinen Augen.

An diesem letzten Anlegeplatz der Reise, an dem Zeit und Raum abgeschafft sind, genügt ein einziger Blick, um die ganze vergangene, durchmessene und kommende Wirklichkeit zu erfassen. Verbirgt sich darin nicht das rätselhafte Aleph der Kabbala, das alles zugleich umfaßt, die Ordnung und das Chaos, das Helle und den Dämmer, die Geburt und den Tod? Die Unermeßlichkeit der wahrgenommenen Welt, die wimmelnde, chaotische Vielfalt der Dinge, alles hat am Ende Platz in einem Raum, so groß, daß die feine Spitze einer Nadel ausreicht, um ihn ganz zu bedecken.

*

Habe ich zuviel gesagt? Habe ich zuwenig gesagt? Aber spielt das nun noch eine Rolle? Haben wir nicht bereits die Schwelle erreicht, auf der die Hüter von Traum und Tod den Worten den Durchlaß verwehren?

Anmerkungen

1 Nicht neun Monate vor der Geburt, sondern neun Monate meines Lebens. Die Chinesen datieren der Logik entsprechend den Beginn des Lebens auf den Tag der Empfängnis.

2 Was das Geständnis »The H-bomb is my baby« des Amerikaners Edward Teller betrifft, so ist es in dieser Logik die Krönung der Spielereien des Wissenschaftlers mangels Möglichkeit, selbst schwanger zu werden.

3 Eine Ethnologin wunderte sich, daß die Afrikanerinnen immer im richtigen Moment ihre Säuglinge vom Rücken absetzten, und fragte sie, wie sie es fertigbrächten, so prompt über das »Müssen« ihrer Kleinen informiert zu sein. Da mußten sie lauthals lachen: »Und du?«, fragten sie zurück, »wie weißt du, daß bei dir selbst der Moment gekommen ist, wo du Pipi machen mußt?«

4 Ein Konzept, das von Nicolaus von Cues, dem Mystiker des 15. Jhs. stammt.

5 Zu den Initationsmythen, von denen in diesem Kapitel die Rede ist, sei verwiesen auf die Werke von Mircea Eliade: *Mythen, Träume und Mysterien*, Salzburg 1961; *Initiation, rites et sociétés secrètes*, Paris 1955; *Das Heilige und das Profane*, Frankfurt 1984; ferner James George Frazer, *Der goldene Zweig*, Köln 1968; Leo Frobenius, *Masken und Geheimbünde*, Halle 1898; Roger Caillois, *L'Homme et le sacré*, Paris 1939; Joseph Chilton Pierce, *Die magische Welt des Kindes*, Düsseldorf, 1978; Marcel Mauss und H. Hubert, *Mélanges d'histoires des religions*, Paris 1909 sowie Rudolph Otto, *Das Heilige*, Breslau 1917.

6 Die moderne Architektur der Bauhaus-Epoche und der Charta von Athen, die den alten *corps à habiter* (»Wohnkörper«) in die *machine à habiter* (»Wohnmaschine«) verwandelte, hat die mythologische Aktivität des Kindes zwar ärmer gemacht, aber nicht vollends zerstört. Die instinktive Neigung zum Delirium ist stärker, und den Rhizomen des Traums gelingt es mit ihren Haftwurzeln, sogar an Stahlbeton und an den Vinyl-Verkleidungen der Wände und Mauern Halt zu finden.

7 Diese Gabe der eidetischen Sicht besitzt anfangs jedes Kind, und auf dieser seiner abgestreiften Haut errichtet die Film- und Fernsehindustrie ihre Welt. Zwischen den Bildern, die wir uns selbst gestalten und denen, die uns von außen bombardieren, besteht ein erheblicher Unterschied: Gewalt und Schrecken, die man *passiv*-erlebt oder konsumiert, leeren und vernichten die Seele, anstatt sie robust zu machen.

8 Die amerikanische Psychologin Frances Wickes schildert den Fall eines neunjährigen Jungen, den gravierende psychische Störungen an den Rand des Autismus brachten. Seine ansonsten sehr liebevollen Eltern setzten seit jeher seinen Ängsten eine strenge Logik und rationelle Erklärungen entgegen, womit sie sich versprachen, ihm wieder den Kopf geraderücken zu können. Das regelmäßige Vorlesen von Märchen während eines Monats konnte seine bis dahin geäußerte Lebensmüdigkeit besiegen. (*The inner world of childhood*, New York 1968).

9 Vielleicht ist es angebracht, die Verwirrung auszuräumen, die über der Bedeutung des Mythos lastet und ihn mit dem verschmilzt, was sein Gegenteil ist: Der faschistische, krankhafte, paranoische und autoritäre »Mythos« ist die vollkommene Illustration dessen, was die Mythen in ihrer prinzipiellen Vielfalt und reichhaltigen Widersprüchlichkeit *niemals* Gefahr laufen, zu sein. Ist es nicht interessant, daß es keinen einzigen Totalitarismus von rechts oder links mehr gibt, der sich noch mit prächtigen Kostümierungen zu schmücken sucht? Im Gegensatz zu der Situation in Deutschland während des Dritten Reiches suchen heute die faschistischen Staaten nicht mehr nach Alibis für die strikten Imperative wirtschaftlicher Art.

10 Siehe Jane Belo (*Trance in Bali*, New York 1960); zu verschiedenen anderen Phänomenen, die den natürlichen Gesetzen widersprechen, siehe in *Die magische Welt des Kindes* (s. o. Anm. 5) den Bericht von Experimenten, die Joel Whitton, John Taylor und Brian Josephson, Nobelpreisträger für Physik, mit Heranwachsenden vorgenommen haben; es scheint, daß die sexuelle Reife im allgemeinen das Ende der medialen Fähigkeiten bedeutet in Kulturräumen, in denen diese Fähigkeiten weder auf Förderung noch auf Möglichkeiten der Weiterentwicklung stoßen.

11 Vgl. die Studien von Harry Price, *The Scientific Examination of Mediumship*, London 1930; ferner Hereward Carrington, *The Story of the Poltergeist Down the Centuries*, London 1953.

12 Siehe in Harry Prices Studie u. a. die Analyse eines berühmten Falles, des Klosters von Cideville, in dem die Mauern von so heftigen Geräuschen und Schlägen widerhallten, daß dadurch der normale Ablauf des Alltagslebens unmöglich gemacht wurde. Rauchschwaden und Flammen schossen aus der Wand, in die man Nägel einschlug. Mit dem Fortgang von zwei 12- bzw. 14jährigen Knaben aus dem Kloster hörten diese Phänomene auf.

13 Siehe René Nelli, *L'amour et les mythes de cour* mit dem Anhang *Le corps féminin*, Paris 1975 sowie *Érotique des troubadours*, Bibliothèque médiévale II/38, 1963.

14 Simone de Beauvoir, *Das Alter*, Hamburg/Reinbek 1972; Jean Améry, *Über das Altern, Revolte und Resignation*, Stuttgart 1968.

15 »Zuweilen ist das hohe Alter aus politischen Gründen aufgewertet worden. Manche Menschen – so zum Beispiel die Frauen im alten China – fanden in ihm die Zuflucht vor der Härte der normalen Lebensbedingungen. Andere fanden aufgrund einer Art Lebenspessimismus Gefallen daran: Wenn das Leben-wollen als Quelle des Unglücks erscheint, ist es nur logisch, dem Halb-Tot-sein den Vorzug zu geben (...)« [*Das Alter*, S. 462]

16 Siehe Elie Wiesel, *Chassidische Feier*, Freiburg/Breisgau 1988.